Leitfaden

Seminarhäuser
Tagungsräume

D1619266

KursKontake Verlag
1994/95

1. Auflage
4. Neuerscheinung
ISBN-Nummer: 3-9803331-1-6
© 1994 by KursKontakte Verlag, Evi Wagner
Badstraße 3, D-83646 Bad Tölz
Redaktionelle Mitarbeit: Fennimor Pause
Druck: WB-Druck, Rieden/Allgäu

Inhalt

Vorwort

Der neue Leitfaden, Seminarhäuser und Tagungsräume, europaweit, Ausgabe 1994/95 (4. Neuerscheinung) ist in bewährter Form wieder erschienen. Der Leitfaden gibt eine Übersicht der bestehenden Seminarhäuser in Deutschland und Europa mit und ohne Seminarprogramm, sowie Tagungshäuser bzw. Hotels oder Kongreßzentren, die Räumlichkeiten für Seminare, Tagungen oder Kongresse bis zu einigen hundert Teilnehmern anbieten.

Der Leitfaden ist ein ideales Nachschlagwerk für Kursleiter und Kursleiterinnen, die Seminare, Workshops, Vorträge und Tagungen durchführen, sowie für Organisationen und Betriebe, die größere Veranstaltungen abhalten. Der Leitfaden hilft Ihnen für Ihren speziellen Bedarf Räumlichkeiten in Ihrem gewünschten Gebiet übersichtlich und schnell zu finden. Auch bietet er Menschen, die eine Urlaubsmöglichkeit mit Seminarprogramm suchen, die Auswahl ein Seminarhaus an Ihrem Urlaubsziel zu buchen.

Einige Neuerungen erleichtern Ihnen Ihre Auswahl zu treffen. So sind die näheren Angaben über die Seminarhäuser erweitert worden. Die Belegungsarten (Einzelzimmer, Doppelzimmer oder Mehrbettzimmer), die Art der Verpflegung und die Möglichkeiten der Lautstärke, wie z.B. Seminarraüme für Trommelgruppen o.ä. sind näher aufgeschlüsselt. Die genauen Preisangaben sind mit Bedacht nicht angegeben, da sie sich im Laufe eines Jahres erheblich ändern. Das Inhaltsverzeichnis und das am Ende enthaltene Register sorgen für einfache Handhabung.

Um den Leitfaden immer auf dem neusten Stand zu halten, bin ich auch auf Ihre Informationen angwiesen. Ich bin Ihnen dankbar, wenn Sie mir Änderungen oder Neuerungen mitteilen.

Evi Wagner

Seminarhäuser

Deutschland

O

Seminarhaus Frohberg

Schönnewitz 9
D-01665 Krögis
0172/3509200
Seminarraumgrößen in qm:
1x80, 1x65
Lautstärke möglich: ja
Belegungszahl insgesamt: 54
EZ: 10 DZ: 18 MBZ/Personen: 8
Vollwertkost, vegetarisch
Eigenes Seminarprogramm: nein
Behindertengerecht: nein

Dresden 30 km, Meissen 8 km,
großer Vier-Seit-Hof, Ortsrandlage,
ruhig, ländlich, Werkstätten und
ökologische Projekte, touristisch
attraktiv, Lebens- und Arbeitsge-
meinschaft freut sich auf Ihren
Besuch. Bitte schriftliche
Anmeldung.
▲

Haus Flesensee

Mecklenburg
Info: Hans Vater
Am Berlingerbach
D-54570 Gerolstein-Pelm
06591/7801
Seminarraumgrößen in qm: 1x40
Lautstärke möglich: ja
Belegungszahl insgesamt: 48
Normale Verpflegung,
Selbstversorgung
Eigenes Seminarprogramm: nein
Behindertengerecht: teilweise
▲

Freizeitheim Geierswalde

Nr. 33a
D-02991 Geierswalde
035722/7120
Info: Evang. Jugendarbeit
Dorfstraße 9a
D-02991 Schwarzkollm
035722/526
Seminarraumgrößen in qm: 1x40
Belegungszahl: 20
Eigenes Seminarprogramm: nein
Behindertengerecht: nein
▲

Haus Engedi

Dorfstraße 9a
D-02991 Schwarzkollm
035722/526
Seminarraumgrößen in qm: 1x30
Belegungszahl: 26
Eigenes Seminarprogramm: nein
Behindertengerecht: nein
▲

Ontosophisches Modell OM

Schloß Braudenstein
D-07389 Rauis
02642/6884
Seminarraumgrößen in qm:
1x100 (ab Juli '94)
Lautstärke möglich: nein
Belegungszahl insgesamt:
nach Bedarf
Selbstversorgung
Eigenes Seminarprogramm: ja
Behindertengerecht: nein
▲

Rüstzeitheim
Kirchgemeindehaus
Kantstraße 1a
D-08393 Meerane
Tel/Fax 03764/2479
Seminarraumgrößen in qm: 1x85
Lautstärke möglich: ja
Belegungszahl insgesamt: 36
EZ: 1 DZ: 8
Normale Verpflegung
Eigenes Seminarprogramm: nein
Behindertengerecht: nein
▲

Zeit-Los
Kommunikationszentrum e.V.
Akazienstraße 27
D-10823 Berlin
030/7847730
Seminarraumgrößen in qm:
1x180, 1x80, 1x75, 1x70, 1x40
Eigenes Seminarprogramm: ja
Behindertengerecht: nein
▲

Zeitraum, Studio zur
Verbindung künstlerischer
und therapeutischer
Methoden
Mehringdamm 61
D-10961 Berlin
▲

Ufa-Fabrik e.V.
Gästehaus
Viktoriastraße 13

D-12105 Berlin
030/7528085 App. 13
Belegungszahl: 50
Eigenes Seminarprogramm: ja
Behindertengerecht: ja
▲

Bildungsstätte Prinzenallee
Prinzenallee 158 D
D-13353 Berlin/Wedding
030/4943194
Seminarraumgrößen in qm: 1x100
Lautstärke möglich: nein
Belegungszahl insgesamt: 20
MBZ/Personen: 20
Normal, Vollwertkost, Vegetarisch,
Selbstversorgung
Eigenes Seminarprogramm: nein
Behindertengerecht: teilweise
▲

Haus der Stille
Am kleinen Wannsee 9
D-14109 Berlin
030/8053064
Seminarraumgrößen in qm:
1x28, 1x46
Lautstärke möglich: nein
Belegungszahl insgesamt: 49
EZ: 18 DZ: 4 MBZ/Personen: 23
Vollwertkost, vegetarisch,
Eigenes Seminarprogramm: ja
Behindertengerecht: nein
▲

Freizeit- und Bildungsstätte der Fürst Donnermarck-Stiftung
Schädestraße 9-13
D-14165 Berlin
030/8156082
Seminarraumgrößen in qm:
1x120, 1x70 + Bühne, 1x35, 1x30
Lautstärke möglich: ja
Belegungszahl insgesamt: 21
EZ: 3 DZ: 9
Normal, Selbstversorgung
Eigenes Seminarprogramm: ja
Behindertengerecht: ja

Alle Seminarräume, der Garten der Villa und 7 Gästezimmer sind Rollstuhlgerecht, ebenso Toiletten und Waschräume. Gruppen können Halb- oder Vollpension buchen.

▲

ZEGG - Zentrum für experimentelle Gesellschaftsgestaltung
Rosa-Luxemburgstraße 39
D-14806 Belzig
Tel 033841/59510
Fax 033841/59512
Seminarraumgrößen in qm:
1x180, 1x162, 2x48, 1x40
Lautstärke möglich: ja
Belegungszahl insgesamt: 120
Normale Verpflegung
Eigenes Seminarprogramm: ja
Behindertengerecht: nein

Das ZEGG ist eine internationale Forschungs- und Tagungsstätte für ökologischen Humanismus. Es ist eine Werkstatt für den Aufbau eines Kulturmodells, das frei ist von Angst und Gewalt. Das ZEGG umfaßt 15 ha.

▲

Ev. Freizeitheim Haus der Begegnung
Dorfstr. 21
D-16835 Schönberg
033926/353
Seminarraumgrößen in qm:
1x40, 1x35, 1x30, 1x25
Lautstärke möglich: ja
Belegungszahl insgesamt: 35
DZ: 14 MBZ/Personen: 21
Normal, Vollwertkost, vegetarisch,
Eigenes Seminarprogramm: nein
Behindertengerecht: nein

▲

Haus am Malchower See
Mühlenstraße 37+39
D-17213 Malchow
03993/369
Seminarraumgrößen in qm: 1x65
Lautstärke möglich: nein
Belegungszahl insgesamt: 31
EZ: 1 DZ: 1 MBZ/Personen: 28
Normale Verpflegung
Eigenes Seminarprogramm: nein
Behindertengerecht: nein

▲

2

**Ferienstätte Neugalmsbül
in Nordfriesland**
Info: Sabine Hunger
Schottmüllerstraße 40
D-20251 Hamburg
040/4807690
Lautstärke möglich ja:
Belegungszahl insgesamt: 20
EZ: 1 DZ: 2 MBZ/Personen: 15
Selbstversorgung
Eigenes Seminarprogramm: nein
Behindertengerecht: ja
▲

Conil-Reisen
Schanzenstraße 75
D-20357 Hamburg
Tel 040/433772
Fax 040/438345
Lautstärke möglich: ja
Belegungszahl insgesamt: 20
Selbstversorgung
Eigenes Seminarprogramm: nein
Behindertengerecht: nein
▲

**Die Moorburg
Seminar- und Tagungshaus**
Moorburger Kirchdeich 40
D-21079 Hamburg
040/7401533
Seminarraumgrößen in qm:
1x60, 1x40, 1x20
Belegungszahl: 30
Eigenes Seminarprogramm: nein
Behindertengerecht: ja
▲

Haus Lichtheil
Weseler Weg 2
D-21271 Hanstedt
04184/7444
Seminarraumgrößen in qm: 1x30
Lautstärke möglich: bedingt
Belegungszahl insgesamt: 22
EZ: 1 DZ: 3 MBZ/Personen: 15
vegetarisch, Selbstversorgung
Eigenes Seminarprogramm: nein
Behindertengerecht: nein
▲▲

Haus Schnede
Schnede 3
D-21276 Salzhausen
Tel 04172/5515
Fax 04172/7793
Fax 07832/6485
Seminarraumgrößen in qm:
1x50, 1x25
Lautstärke möglich: ja
Belegungszahl insgesamt: 40
DZ: 4 MBZ/Personen: 32
Normal, Vollwertkost,
Selbstversorgung

Das Atmosphärische Seminar- und
Tagungshaus in herrlicher Land-
schaft, zum Wohlfühlen, Lernen
und Wachsen. Technische Geräte
nach Absprache. Vermietung gern
unter der Woche.
▲

Kulturforum Lüneburg e. V.
Seminar- und Tagungshaus,
Kleinkunstbühne
Gut Wienebüttel
D-21339 Lüneburg
Tel 04131/65720
Fax 04131/64824
Seminarraumgrößen in qm:
1x56, 3x22
Belegungszahl: 15
▲

**Autonomes Bildungs-
Centrum**
Bauernreihe 1
D-21706 Drochtesen-Hüll
Tel 04775/529
Fax 040/8512685
Seminarraumgrößen in qm:
1x50, 1x60, 1x20
Lautstärke möglich: ja
Belegungszahl insgesamt:40
EZ: 2 DZ: 13 MBZ/Personen: 12
Vegetarisch, je nach Wunsch
Eigenes Seminarprogramm: ja
Behindertengerecht: ja, 1 Zimmer
▲

**Moormühle Seminar
und Tagungshaus**
Drochtersermoor 1
D-21706 Drochtersen
Tel 04148/5423 Fax 04148/5431
Seminarraumgrößen in qm:
1x120, 1x40
Lautstärke möglich: ja
Belegungszahl insgesamt: 20

DZ: 1 MBZ/Personen: 18
Vegetarisch
Eigenes Seminarprogramm: ja
Behindertengerecht: nein

Tanzsaal mit Holz-Schwingboden,
Mobile Spiegel, Matten.
Freigelände/Terasse.
▲

**Außendeichhof Pegasus,
Seminar- und Tagungshaus**
Osterwechtern 19
D-21732 Krummendeich
Tel 04779/1248
Fax 04779/8198

2

Seminarraumgrößen in qm:
1x60, 1x100
Lautstärke möglich: ja
Belegungszahl: 40
EZ: 15 DZ: 2
Vollwertkost, vegetarisch
Eigenes Seminarprogramm: nein
Behindertengerecht: nein
▲

Erlenhof
D-21775 Steinau
Tel 04756/659
Fax 04765/8359
Seminarraumgrößen in qm: 1x60
Lautstärke möglich: ja
Belegungszahl insgesamt: 20
EZ: 1 DZ: 3 MBZ/Personen: 13
Selbstversorgung
Eigenes Seminarprogramm: nein
Behindertengerecht: nein
▲

Frauenferienhaus Hasenfleet
Hasenfleet 4
D-21787 Oberndorf/Oste
04772/206
Seminarraumgrößen in qm:
1x40, 1x32
Belegungszahl: 15
Eigenes Seminarprogramm: ja
Behindertengerecht: nein
▲

Drei A
Arnoldstraße 3a
D-22765 Hamburg
040/394824
Seminarraumgrößen in qm: 1x80
Lautstärke möglich: nein
Eigenes Seminarprogramm nein:
▲

Phönix Haus
S. Willard
An der Eilshorst 19
D-22927 Grosshansdorf
Tel 04102/62224
Fax 04102/64565
Seminarraumgrößen in qm: 1x56
Lautstärke möglich: ja
Belegungszahl insgesamt: 18
MBZ/Personen: 18
Vollwertkost, vegetarisch,
Selbstversorgung
Eigenes Seminarprogramm: ja
Behindertengerecht: nein
▲

Schullandheim Holstentor
Dorfstraße 10
D-22955 Hoisdorf
04107/4229
Seminarraumgrößen in qm:
1x120, 3x40
Belegungszahl: 60
Eigenes Seminarprogramm: nein
Behindertengerecht: nein
▲

Jugend-Bildungsstätte Klingberg
Fahrenkampsweg
D-23684 Scharbeutz
Tel 04524/9388
Fax 04524/1483
Seminarraumgrößen in qm:
1x80, 1x50 Pers., 2x30, 2 kleinere Räume
Belegungszahl: 80
Eigenes Seminarprogramm: ja
Behindertengerecht: ja
▲

Bildungsstätte Kornhof Tagungshaus
Dorfstraße 34
D-23714 Malente-Malkwitz
04523/5944
Seminarraumgrößen in qm:
1x65, 1x20
Belegungszahl: 22
Eigenes Seminarprogramm: ja
Behindertengerecht: bedingt
▲

Hof „Am Wege" Gäste und Tagungshaus
D-23715 Liensfeld/Ostholstein
04527/1035
Seminarraumgrößen in qm: 1x60
Lautstärke möglich: ja
Belegungszahl insgesamt: 25
DZ: 5 MBZ/Personen: 15
Vollwertkost, vegetarisch, Selbstversorgung

Eigenes Seminarprogramm: nein
Behindertengerecht: nein
▲

Haus Insellust
Strukkamp 12
D-23769 Strukkamp
040/274515
Seminarraumgrößen in qm: 1x50
Lautstärke möglich: ja
Belegungszahl insgesamt: 45
EZ: 1 DZ: 3 MBZ/Personen: 38
Selbstversorgung
Eigenes Seminarprogramm: nein
Behindertengerecht: ja
▲

2

**Haus Rothfos
Jugendbildungs- und
Begegnungsstätte des
Landesjugendrings
Schleswig-Holstein**
Wiesengrund 20
D-23795 Mözen/Bad Segeberg
Tel 0431/87827 oder 82715
Fax 0431/85820
Seminarraumgrößen in qm:
6 Seminarräume
Belegungszahl: 61
Eigenes Seminarprogramm: ja
Behindertengerecht: bedingt
▲

**Tagungsstätte
Gemeinsam leben**
Dorfstraße 7
D-23816 Neversdorf
04552/9113
Seminarraumgrößen in qm: 1x100
Lautstärke möglich: nein
Belegungszahl insgesamt: 32
EZ: 2 DZ: 7 MBZ/Personen: 16
Selbstversorgung
Eigenes Seminarprogramm: nein
▲

**Bildungswerkstatt
Inst. f. kreatives Lernen**
D-2384 Breitenfurt
02239/2312
Seminarraumgrößen in qm: 1x42
Lautstärke möglich: ja

Belegungszahl insgesamt: 16
EZ: 4 DZ: 2 MBZ/Personen: 8
Vollwertkost, Vegetarisch
Eigenes Seminarprogramm: ja
Behindertengerecht: nein
▲

Hof Barkelsby e. V.
Ringstraße 9-11
D-24360 Barkelsby
Tel 04351/82939
Fax 04351/81785
Seminarraumgrößen in qm:
1x45, 1x35
Lautstärke möglich: ja
Belegungszahl insgesamt: 26
EZ: 2 DZ: 3 MBZ/Personen: 16-18
Vollwertkost, , Selbstversorgung
Eigenes Seminarprogramm: nein
Behindertengerecht: bedingt
▲

Tagungshaus Güby
Dorfstraße 8
D-24357 Güby
04354/1287
Seminarraumgrößen in qm:
1x80, 1x40
Lautstärke möglich: ja
Belegungszahl insgesamt: 27
DZ: 2 MBZ/Personen: 23
Normal, Vollwertkost, vegetarisch,
Selbstversorgung
Eigenes Seminarprogramm: nein
Behindertengerecht: ja
▲

Nordkolleg Rendsburg
AmGerhardshain 44
D-24768 Rendsburg
Tel 04331/5084
Fax 04331/5087
Seminarraumgrößen in qm:
3 gr. Hörsäle, 8 Sem.-Räume
Lautstärke möglich: ja
Belegungszahl insgesamt: 103
EZ: 21 DZ: 41
Normal, vegetarisch
Eigenes Seminarprogramm: nein
Behindertengerecht: ja
▲

Schulungsstätte der Christengemeinschaft Methorst
Diekendörn 12
D-24802 Emkendorf
Tel 04330/220
Fax 04330/1063
Seminarraumgrößen in qm:
1x140, 1x100, 1x80, 1x60
Lautstärke möglich: nein
Belegungszahl insgesamt: 110
EZ: 20 DZ: 18 MBZ/Personen: 48
Vollwertkost, vegetarisch
Eigenes Seminarprogramm: ja
Behindertengerecht: nein
▲

Spejdergarden Tydal H. Werth
Tüdal
D-24852 Eggebek/Tarp
Tel 04609/263

Fax 04609/494
Seminarraumgrößen in qm:
bitte Rückfragen!
Lautstärke möglich: nein
Belegungszahl insgesamt: 40
MBZ/Personen: 40
Selbstversorgung
▲

Klöndeel Begegnungsstätte e. V.
Noorweg 15
D-24857 Fahrdorf/Loopstedt
Tel 04621/33124
Fax 04621/37013
Seminarraumgrößen in qm:
1x60, 1x25
Lautstärke möglich: nein
Belegungszahl insgesamt: 48
EZ: 30 MBZ/Personen: 18
Normal, Vollwertkost, vegetarisch,
Selbstversorgung
Eigenes Seminarprogramm: ja
Behindertengerecht: ja

Altes Bauernhaus mit eigener Badestelle, Booten, großem Freigelände, Feuerplatz und naturkundlichem Experimentiergelände. Aktivprogramm zum Thema Wikingerkultur auch im Winter.
▲▲

Akademie Sankelmark
D-24988 Sankelmark
04630/372
Seminarraumgrößen in qm:

1x150, 1x80, 2x20
Belegungszahl: 80
Eigenes Seminarprogramm: ja
Behindertengerecht: nein
▲

Seminarhaus Engelland
Forum f. Yoga e. V.
Hauptstraße 14
D-25585 Lütjenwestedt
Tel 04872/2353
Fax 04872/2042
Seminarraumgrößen in qm:
1x140, 1x38
Lautstärke möglich: ja
Belegungszahl insgesamt: 46
EZ: 2 DZ: 2 MBZ/Personen: 40
Vollwertkost, vegetarisch,
Selbstversorgung
Eigenes Seminarprogramm: ja
Behindertengerecht: nein
▲

Tagungs- u.
Begegnungsstätte
Tagungshaus Elpersbüttel
Am Deich 7, D-25704 Elpersbüttel
04832/2317
Seminarraumgrößen in qm:
1x20, 1x15, 1x48
Lautstärke möglich: ja
Belegungszahl insgesamt:20
MBZ/Personen: 20
Normal, Vollwertkost, Vegetarisch,
Selbstversorgung
Eigenes Seminarprogramm: ja
Behindertengerecht: ja
▲

Haus Wattenstrom
Zum Schnappen 1
D-25761 Westerdeichstrich
Tel 040/872551
Fax 040/8704068
Seminarraumgrößen in qm:
1x25, 1x27
Lautstärke möglich: ja
Belegungszahl insgesamt: 27
EZ: 7 DZ: 3 MBZ/Personen: 14
Normal, Selbstversorgung
Eigenes Seminarprogramm: ja
Behindertengerecht: nein

Haus Wattenstrom an der Dithmar-
schener Nordseeküste bietet
Urlaubsseminare , z. B. Mal-,
Musik- und Literaturkurse im
Frühjahr und Herbst an. Programm
anfordern. Vollverpflegung/Vollwert-
kost auf Wunsch möglich
▲

„Haus am Deich"
Maria Behrends
Lunderkoog o. Nr.
D-25774 Lehe
Tel 04882/5084
Fax 04882/5265
Seminarraumgrößen in qm: 1x60
Lautstärke möglich: ja
Belegungszahl insgesamt: 50
DZ: 2 MBZ/Personen: 46
Normal, Vollwertkost, vegetarisch
Eigenes Seminarprogramm: nein
Behindertengerecht: ja
▲

Bildungs-u. Begegnungsstätte
Hoegener Wisch e. V.
Högener Wisch 3
D-25779 Hägen/Nordsee
04836/1347
Seminarraumgrößen in qm: 3x50
Lautstärke möglich: ja
Belegungszahl insgesamt: 26
DZ: 2 MBZ/Personen: 22
Normal, Vollwertkost, Vegetarisch,
Selbstversorgung
Eigenes Seminarprogramm: nein
Behindertengerecht: ja
▲

Haus Quellengrund
Quellengrund 5
D-25789 Kleve
04836/1274
Seminarraumgrößen in qm:
1x45, 1x60
Lautstärke möglich: ja
Belegungszahl insgesamt: 75
DZ: 15 MBZ/Personen: 45
Normal, Vollwertkost, vegetarisch,
Eigenes Seminarprogramm: nein
Behindertengerecht: nein
▲

NaTour Forum
Westmarken 45, PF 8
D-25826 St. Peter-Ording
Belegungszahl: 22
Bildungs- und Begegnungsstätte
für Natur und Tourismus und
Geschäftsstelle der Gruppe Neues
Reisen.

Tagungshaus mit Niveau für 22
Gäste. Schriftliche Anmeldung
erbeten!
▲

Seminarhaus Hof Däbel
Liekutweg 2
D-25853 Bohmstedt
Tel 04671/6966
Fax 04671/1858
Seminarraumgrößen in qm: 1x40
Lautstärke möglich: ja
Belegungszahl insgesamt: 15
MBZ/Personen: 15
Vollwertkost, vegetarisch,
Selbstversorgung
Eigenes Seminarprogramm: ja
Behindertengerecht: nein
▲

Atelierhaus Uelvesbüll
Porrendeich 27
D-25889 Uelvesbüll
Tel 040/465109
Fax 040/2207912
Seminarraumgrößen in qm:
1x400, 300 qm Garten
Lautstärke möglich: ja
Belegungszahl insgesamt: 20-24
EZ: 3 DZ: 3 MBZ/Personen: 17
Selbstversorgung, Koch kann
gestellt werden
Eigenes Seminarprogramm: ja
Behindertengerecht: nein
▲

2

**Hauburg Flöhdorf
Tagungsstätte**
Flöhdorfer Weg
D-25889 Witzwort
04864/1270
Seminarraumgrößen in qm: 1x40
Belegungszahl: 20
Eigenes Seminarprogramm: nein
Behindertengerecht: nein

▲

Altes Bauernhaus am Sand
Hans-Georg Stiefel
D-25889 Witzwort/NF
04864/868
Seminarraumgröße in qm:
1x60, 1x40, 1x30, 1x18, 1x10
Belegungszahl: 10-15
Selbstversorgung
Eigenes Seminarprogramm: nein
Behindertengerecht: nein

▲

**Ferien- und Seminarhaus
Insel Föhr**
Dörpstrat 8
D-25938 Oevenum
04681/2185
Seminarraumgrößen in qm:
1x50, 2x25
Lautstärke möglich: nein
Belegungszahl insgesamt: 15
EZ: 2 DZ: 5
Selbstversorgung
Eigenes Seminarprogramm: nein
Behindertengerecht: nein

Ferien und Seminarhaus Insel Föhr.
Urlaub und Seminare auf der
wunderschönen Insel Föhr.
Bezuschussung offener Kurse. EZ,
DZ, Ferienwohnung, Kamin,
Meditationsraum. Bitte
Farbprospekt anfordern.
▲.

**Hof Oberlethe Bildungs- und
Besinnungsstätte**
Wardenburgerstraße 24
D-26203 Wardenburg
04407/6840
Fax 07832/6485
Seminarraumgrößen in qm:
1x180, 1x100, 2x60, 1x30
Lautstärke möglich: ja
Belegungszahl insgesamt: 100
EZ: 20 DZ: 25 MBZ/Personen: 30
Normal, Vollwertkost, vegetarisch

Oberlethe. Professionell geführtes,
sehr schönes Seminarhaus bei
Oldenburg/Bremen, bis 100 Personen. Adresse siehe oben.
▲

**Seminarzentrum
an der Nordsee
Anneliese Helmig**
Gründeich 8
D-26427 Esens
04971/1869
Seminarraumgrößen in qm: 1x70
Lautstärke möglich: ja
Belegungszahl insgesamt: 16

EZ: 4 DZ: 6
Vollwertkost, vegetarisch,
Selbstversorgung
Eigenes Seminarprogramm: nein
Behindertengerecht: nein
▲

Bio-Pension Eichenhorst
Margarethenstraße 19
D-26442 Friedeburg
Tel 04465/1482
Fax 04465/8231
Seminarraumgrößen in qm:
1x30, 1x25,5 (Lehrküche)
Lautstärke möglich: ja
Belegungszahl insgesamt: 34
EZ: 2 DZ: 12
Vollwertkost, Vegetarisch,
Selbstversorgung
Eigenes Seminarprogramm: ja
Behindertengerecht: ja
▲

Frauenferienhof Moin Moin
Zum Lengener Meer 2
D-26446 Friedeburg
04956/4956
Seminarraumgrößen in qm: 1x45
Lautstärke möglich: ja
Belegungszahl insgesamt: 13
EZ: 1 DZ: 3 MBZ/Personen: 6
Vollwertkost, Vegetarisch
Eigenes Seminarprogramm: ja
Behindertengerecht: ja
▲

Frauke Fülth
Up de Höcht 5
D-26474 Spiekeroog
Tel 04976/219
Fax 04976/217
Seminarraumgrößen in qm: 1x70
Lautstärke möglich: ja
Belegungszahl insgesamt: 32
EZ: 2 MBZ/Personen: 30
Selbstversorgung
Eigenes Seminarprogramm: ja
Behindertengerecht: nein
▲

**Tagungs und
Begegnungsstätte
Unser Haus**
Parkstraße 5-7
D-26506 Norden/Ostfriesland
04931/16419
Scminarraumgrößen in qm:
1x70, 1x30, 1x25, 1x20
Belegungszahl insgesamt: 72
DZ: 27 MBZ/Personen: 18
Normal, Selbstversorgung
Eigenes Seminarprogramm: nein
Behindertengerecht: ja
▲

**Karin Kloetzel
Ferienhaus Alte Pastorei**
Ostweg 12
D-26506 Norden
04931/5398
Lautstärke möglich: nein
Belegungszahl insgesamt: 30
EZ: 1 DZ: 2 MBZ/Personen: 25

2

Selbstversorgung
Eigenes Seminarprogramm: nein
Behindertengerecht: teilweise
▲

Freie Bildungsstätte
Alter Brunsel e. V.
Alter Brunsel 8
D-26817 Rhanderfein
Tel 04967/518
Fax 04967/1552
Seminarraumgrößen in qm:
1x60, 1x50, 1x30, 1x35 ab 8.94.
zusätzl. 1x90, 1x65, 1x45
Lautstärke möglich:
Belegungszahl insgesamt: 46
Vollwertkost, vegetarisch,
Selbstversorgung
Eigenes Seminarprogramm: ja
Behindertengerecht: ja
▲

Prinz Höfte Zentrum für ökol.
Fragen und ganzh. Lernen
Simmerhauser Straße 1
D-27243 Prinzhöfte
04244/644
Seminarraumgrößen in qm: 1x85
Lautstärke möglich: ja
Vegetarisch
Eigenes Seminarprogramm: ja
Behindertengerecht: nein
▲

Diakonie Freistatt
Werkstatt Wegwende
Deckertstraße 20
D-27259 Freistatt
05448/8394
Seminarraumgrößen in qm:
1x35, 1x18
Lautstärke möglich: ja
Belegungszahl insgesamt: 42
EZ: 6 DZ: 4 MBZ/Personen: 28
Vollwertkost
Eigenes Seminarprogramm: ja
Behindertengerecht: ja
▲

Lichtblick Seminarhaus
Heithüser Weg 22
D-27330 Asendorf
04253/1499
Seminarraumgrößen in qm: 1x100
Lautstärke möglich: ja
vegetarisch, Selbstversorgung
Eigenes Seminarprogramm: nein
Behindertengerecht: nein

Unser Haus liegt ca. 35 km südl.
von Bremen in schöner ländlicher
Umgebung. Der Saal ist ideal für
Meditation, Körperarbeit, Tanz und
mehr. Garten und Sauna laden zur
Entspannung ein, unsere bio.-veg.
Küche ist ein Genuß!
▲

**Theaterwerk und
Werkschule e. V.**
Albstedter Straße 29
D-27628 Wulsbüttel-Albstedt
Tel 04746/1430
Fax 04746/8524
Seminarraumgrößen in qm:
1x120, 1x50, 1x45
Lautstärke möglich: ja
Belegungszahl insgesamt: 35
EZ: 3 DZ: 7 MBZ/Personen: 18
Normal, Vollwertkost, vegetarisch,
Selbstversorgung
Eigenes Seminarprogramm: ja
Behindertengerecht: nein
▲

**Jugendbildungsstätte
Bredbeck des Landkreises
Osterholz**
An der Wassermühle 30
D-27711 Osterholz-Scharmbeck
04791/7041
Seminarraumgrößen in qm:
11 Räume, versch. Größen
Lautstärke möglich: ja
Belegungszahl insgesamt: 79
EZ: 3 DZ: 29 MBZ/Personen:18
Normal, Vollwertkost, vegetarisch,
Eigenes Seminarprogramm: ja
Behindertengerecht:ja
▲

**Forum Verlags- &
Agenturgesellschaft mbH +
Cö.KG**
Lübeckerstraße 37
D-28203 Bremen

Tel 0421/705258 Fax 0421/78255
Seminarraumgrößen in qm:
1x70, 1x60
Lautstärke möglich: nein
Eigenes Seminarprogramm: ja
Behindertengerecht: bedingt
▲

Niels-Stensen-Haus
Worphauser Landstraße 55
D-28865 Lilienthal
Tel 04208/299-0
Fax 04208/299-144
Seminarraumgrößen in qm:
1x200, 1x110, 1x90, 1x70, 1x50
Lautstärke möglich: nein
Belegungszahl insgesamt: 82
EZ: 32 DZ: 25
Normal, Vollwertkost
Eigenes Seminarprogramm: ja
Behindertengerecht: ja
▲

Berliner Hof I
Berliner Hof II
Rade 10
D-29378 Wittingen
05831/7632
Info: 030/3245472
Seminarraumgrößen in qm:
(Berliner Hof I) 100
(Berliner Hof II) 80
Belegungszahl: I: 30 , II: 14
Kochfrau kann gemietet werden
Eigenes Seminarprogramm: nein
Behindertengerecht: bedingt
▲

Ökodorf-Projektzentrum
Dorfstraße 4
D-29416 Groß Chuden
kein Telefon
Seminarraumgrößen in qm: 1x100
MBZ/Personen: 30 + 100 Zeltlager
vegetarisch, Selbstversorgung

Eigenes Seminarprogramm: ja
Behindertengerecht: nein
▲

Tagungs- und Freizeithaus Carnap
Pisselberg 14
D-29451 Dannenberg
Tel 05861/2848
Fax 05861/7997
Seminarraumgrößen in qm:
1x40, 1x70
Lautstärke möglich: ja
Belegungszahl insgesamt: 43
EZ: 4 DZ: 9 MBZ/Personen: 19
Selbstversorgung (Köchin kann
vermittelt werden)
Eigenes Seminarprogramm: nein
Behindertengerecht: ja
▲

Regenbogen-Hof
D-29459 Mützen
05844/1792
Seminarraumgrößen in qm: 1x80
Lautstärke möglich: ja
Belegungszahl insgesamt: 68
EZ: 6 DZ: 6 MBZ/Personen: 50
Normal, Vollwertkost, vegetarisch,
Selbstversorgung
Eigenes Seminarprogramm: nein
Behindertengerecht: ja
▲

2

Grukid (Gruppenunterkünfte in Deutschland) ist das erste und einzige Computersystem, das Ihnen Ihre Wunschhäuser in Sekunden sucht. Sie geben Kriterien an, die Ihr Haus erfüllen soll, z.B. Region, Preis, Personenzahl usw. und in der Datenbank werden in Sekundenschnelle **ca. 4100** Unterkünfte, zu denen umfangreiche Daten gespeichert sind, durchsucht und eine Liste erstellt. Für Belegungs- und Prospektanfragen verfügt das

Programm über Standardbriefe, in die Sie nur noch die relevanten Daten Ihrer Gruppe eintragen müssen. Die neue Version 3.0 bietet sogar die Möglichkeit, auf einer elektronischen Deutschlandkarte die gewünschten Regionen optisch anzuwählen. Das Programm inklusive ausführlichem Handbuch kostet nur **DM 189,–**, der Ausdruck einer speziell für Sie selektierten Liste ist für DM 20,– möglich. Rufen Sie uns an oder faxen Sie uns Ihre Wünsche.

Nähere Informationen und Bestellungen: GrukiD/BEJ-Projektbüro, Alt Eschersheim 36 D-60433 Frankfurt, Tel 069/520466 Fax 069/524050

2

**Tagungshaus
Königshorst**
Königshorst 1
D-29462 Wustrow
Tel/Fax 05843/337
Seminarraumgrößen in qm:
1x80, 1x40
Lautstärke möglich: ja
Belegungszahl insgesamt: 25
MBZ/Personen 25:
Vollwertkost, vegetarisch
Eigenes Seminarprogramm: ja
Behindertengerecht: nein
▲

**Bildungs- und
Begegnungsstätte
für gewaltfreie Aktion**
Kirchstraße 14
D-29462 Wustrow
Tel 05843/507 Fax 05843/1405
Seminarraumgrößen in qm:
3 Räume (bis ca. 50 qm)
Lautstärke möglich: nein
Belegungszahl insgesamt: 23
Vollwertkost, Vegetarisch,
Selbstversorgung
Eigenes Seminarprogramm: ja
Behindertengerecht: nein
▲

Proitzer Mühle
D-29465 Schnega/Wendland
Tel 05842/450
Fax 05842/407
Seminarraumgrößen in qm:

1x90, 1x45
Lautstärke möglich: ja
Belegungszahl insgesamt: 50
EZ: 4 DZ: 23
Normal, Vollwertkost, vegetarisch
Eigenes Seminarprogramm: nein
Behindertengerecht: nein
▲

Tagungshaus Meuchtefitz
Ortsteil Meuchtefitz HsNr. 12
D-29482 Küsten
05841/5977

20-Personen-Bereich ca. 115 qm,
10-Personen-Bereich ca 55 qm.
Wochenende 15,– DM pro Person/
Tag, sonst 10,– DM pro Person/Tag.
Selbst-, Teil-, oder Vollverpflegung
möglich, Bücherei vorhanden.
▲

Villa 13
O.T. Volzendorf
D-29485 Lemgow
05883/1494
Seminarraumgrößen in qm: 1x60
Lautstärke möglich:
nach Absprache
Belegungszahl insgesamt: 24
EZ: 20 MBZ/Personen: 4
Normal, Vollwertkost, vegetarisch,
Selbstversorgung
Eigenes Seminarprogramm: ja
Behindertengerecht: nein
▲

Haus Wittfeitzen
Wittfeitzen Nr. 15
D-29496 Waddeweitz
Tel 05849/212
Fax 05849/214
Seminarraumgrößen in qm:
1x60, 1x30
Lautstärke möglich: ja
Belegungszahl insgesamt: 29
EZ: 7 DZ: 4 MBZ/Personen: 14
Normal, Vollwertkost, vegetarisch,
Selbstversorgung
Eigenes Seminarprogramm: nein
Behindertengerecht: nein
▲

Seminarzentrum Waldhof
Wittenbecksweg 25
D-29646 Bispingen/Hützel
05194/2382
Seminarraumgrößen in qm:
5 Räume von 45-75
Belegungszahl: 80
Eigenes Seminarprogramm: ja
Behindertengerecht: nein
▲

**Pfadfinder Bildungsstätte
Fallingbostel**
Anmeldung:Peter Böckner
Oeltzenstraße 2
D-30169 Hannover
Tel 05111/5434
Fax 05111/1610348
Seminarraumgrößen in qm:
1x120, 1x30
Lautstärke möglich: ja

Belegungszahl insgesamt: 74
EZ: 1 DZ: 4 MBZ/Personen: 65
Selbstversorgung
Eigenes Seminarprogramm: nein
▲

Wegweiser
Quedlinburger Weg 4
D-30419 Hannover
0511/750153
Seminarraumgrößen in qm: 1x45
Lautstärke möglich: ja
Selbstversorgung
Eigenes Seminarprogramm: ja
Behindertengerecht: nein
▲

Sanne v. Sonsbeek
Am Rodelberg 9
D-30952 Ronnenberg
0511/436802
Seminarraumgrößen in qm: 1x20
Lautstärke möglich: ja
Belegungszahl insgesamt: 24
EZ: 12 DZ: 4 MBZ/Personen: 4
Normal, vegetarisch
Eigenes Seminarprogramm: ja
Behindertengerecht: nein

Seminarschiff, Abfahrt Amsterdam
(NL). Das Schiff (24m) eignet sich
für Gruppen, die ein Seminar oder
eine Urlaubswoche organisieren
wollen. Es stehen 12 Fahrräder,
1 Kanu und ein Surfbrett für die
Gäste zur Verfügung.
▲

Im Zentrum zwischen Hannover, Osnabrück und Bremen

Seminarhaus und Meditationszentrum

Platz zum
  Suchen und Leben
    Platz für
      Neues aus Altem

• Gruppenraum 80 qm
  & 42 qm & 45 qm (schräg)
• 46 Betten
• vegetarische Vollwertküche

Buchung und Beratung,
Hof Moorort GmbH,
D-32369 Rahden (Kreis Minden),
Hof: Tel 05776/526 Fax 05776/560
Büro: Tel 05444/5586 bis 20h

**Bildungsstätte
Hoedekenhus e. V.**
Lamspringerstraße 24
D-31088 Winzenburg
Tel 05184/8232
Fax 05184/1688
Seminarraumgrößen in qm: 1x90
Lautstärke möglich: ja
Belegungszahl insgesamt: 15
EZ: 1 DZ: 2 MBZ/Personen: 10
Vollwertkost, Vegetarisch,
Eigenes Seminarprogramm: ja
Behindertengerecht: nein
▲

**Hollerbusch e. V.
Bildungsstätte**
Steinbergstraße 4
D-31097 Harbarnsen,
05060/2941
Seminarraumgrößen in qm: 2x60
Belegungszahl: 30
Eigenes Seminarprogramm: ja
Behindertengerecht: bedingt
▲

**Jugenbildungsstätte
Wohldenberg**
Wohldenberg 4
D-31188 Holle
Tel 05062/1380
Fax 05062/8029
Seminarraumgrößen in qm:
12 Räume, 25-150
Lautstärke möglich: bedingt
Belegungszahl insgesamt: 120
EZ: 15 DZ: 15 MBZ/Personen: 75

Normal, Vollwertkost, vegetarisch,
Selbstversorgung
Eigenes Seminarprogramm: nein
Behindertengerecht: nein
▲

Lebensgarten e.V.
Ginsterweg. 3
D-31595 Steyerberg
Tel 05764/2370
Fax 05764/2578
Seminarraumgrößen in qm:
5 Räume, 50-80
Lautstärke möglich: ja
Vollwertkost, vegetarisch
Eigenes Seminarprogramm: ja
Behindertengerecht: teilweise
▲

„Haus der Begegnung"
Mühlenstraße 2
D-31812 Bad Pyrmont
05281/3240
Lautstärke möglich: nein
Vollwertkost
Eigenes Seminarprogramm: ja
Behindertengerecht: nein

Seminarhaus-Naturheilzentrum.
Hoher, Lichter Saal mit 2 großen
Giebelfenstern und Balkon, baubio-
logische Bauweise, klare Atmosphäre, Wintergarten.
▲

Energie- und Umweltzentrum
Am Elmschenbruch
D-31832, Springe 3/Eldagsen
05044/1880 oder /380
Seminarraumgrößen in qm:
1x54, 1x30
Belegungszahl insgesamt: 32
DZ: 8 MBZ/Personen: 16
Vollwertkost, vegetarisch
Eigenes Seminarprogramm: ja
Behindertengerecht: ja
▲

**Friedenskotten
Lippinghausen e.V.**
Milchstraße 81–83
D-32120 Hiddenhausen
05221/65485
Seminarraumgrößen in qm:
1x60, 1xca.40
Lautstärke möglich: ja
Belegungszahl insgesamt: 22
und 6 Personen Matratzenlager
Vollwertkost, vegetarisch
Eigenes Seminarprogramm: nein
Behindertengerecht: nein
▲

**Seminarhaus Hof Moorort
mit Zentrum Marrah**
Preußisch Ströhen 29
D-32369 Rahden 2
Tel 05776/526
Fax 05776/560
Büro: 05444/5586
Seminarraumgrößen in qm:
1x80, 1x42 1x45 (schräg)

Lautstärke möglich: ja
Belegungszahl insgesamt: 46
Vegetarisch, Vollwert
Eigenes Seminarprogramm: nein
Behindertengerecht: nein
▲

Freies Bildungshaus Bosenholz e. V.
Bosenholz 11
D-33154 Salzkotten
05258/8152
Seminarraumgrößen in qm:
1x30, 1x35, 1x75
Lautstärke möglich: ja
Belegungszahl insgesamt: 24
EZ: 1 DZ: 3 MBZ/Personen: 17
Normal, Vegetarisch,
Selbstversorgung
Eigenes Seminarprogramm: ja
Behindertengerecht: nein
▲

Tagungs- und Begegnungshaus Niederkaufungen
Kirchweg 1
D-34260 Niederkaufungen
05605/3015
Seminarraumgrößen in qm:
1x35, 1x27, 1x18, 1x14
Lautstärke möglich: nein
Belegungszahl insgesamt: 33
DZ: 3 MBZ/Personen: 27
Vollwertkost,Selbstversorgung
Eigenes Seminarprogramm: ja
Behindertengerecht: nein
▲

BdP-Pfadfinderheim Immenhausen
Kesselhaken 2
D-34376 Immenhausen
05673/7230
Seminarraumgrößen in qm: 1x100
Lautstärke möglich: ja
Belegungszahl insgesamt: 44
EZ: 1 DZ: 5 MBZ/Personen: 33
Normale Verpflegung
Selbstversorgung (f. Zeltgäste)
Eigenes Seminarprogramm: nein
Behindertengerecht: ja
▲

Reisende Schule e. V.
Bördestraße 3
D-34414 Wartburg
05641/8954
Seminarraumgrößen in qm:
1x90, 1x30
Lautstärke möglich: ja
Belegungszahl insgesamt:30
EZ: 1 DZ: 2 MBZ/Personen: 25
Normal, Vollwertkost, vegetarisch,
Selbstversorgung
Eigenes Seminarprogramm: ja
Behindertengerecht: ja
▲

Frauenbildungsstätte Edertal
Königsberger Straße 6
D-34549 Edertal-Anraff
05621/3218
Seminarraumgrößen in qm: 1x70
Lautstärke möglich: bedingt
Belegungszahl insgesamt: 23

EZ: 2 DZ: 1 MBZ/Personen: 19
Vollwertkost, vegetarisch,
Selbstversorgung
Eigenes Seminarprogramm ja
Behindertengerecht: nein
▲

Altes Pfarrhaus Wernswig
Altes Pfarrhaus
D-34576 Homberg-Wernswig
Tel 05684/337
Fax 05684/8927
Seminarraumgröße in qm: 1x40qm
Lautstärke möglich: ja
Belegungszahl insgesamt: 15
EZ: 1 DZ: 1 MBZ/Personen: 12
Selbstversorgung
Eigenes Seminarprogramm: nein
Behindertengerecht: nein
▲

Astra e. V.
Marburgerstraße 15
D-35112 Fronhausen
06426/6613
Seminarraumgrößen in qm:
1x60, 1x40
Lautstärke möglich: ja
Belegungszahl insgesamt: 33
EZ: 3 MBZ/Personen: 30
Normal, vegetarisch,
Selbstversorgung
Eigenes Seminarprogramm: nein

Geeignet für Seminare, Klassen-
fahrt, Tagungen und Freizeiten.
Preise für SV DM 13,– bzw. DM

15,– Preise für VV DM 36,– bzw.
DM 39,– Zentrale Lage zwischen
Marburg und Gießen. Mit Bahn-
station.
▲

Riethenberghaus e. V.
Am Riethenberg 3
D-35321 Laubach-Wetterfeld
06405/3366
Seminarraumgrößen in qm:
1x49, 1x30
Belegungszahl: 18
Eigenes Seminarprogramm: ja
Behindertengerecht: nein
▲

3

SPM e. V.
Steinesmühle
D-35321 Laubach-Münster
06405/6165
Seminarraumgrößen in qm:
1x40, 1x30
Lautstärke möglich: ja
Belegungszahl insgesamt: 20
MBZ/Personen: 20
Normal, Vollwertkost, vegetarisch,
Selbstversorgung
Eigenes Seminarprogramm: nein
Behindertengerecht: nein
▲

Projektwerkstatt
Ludwigstraße 11
D-35447 Reiskirchen-Saasen
06401/5651
Seminarraumgrößen in qm:
1x40, 2x15
Lautstärke möglich: ja
Vollwertkost, Selbstversorgung
Eigenes Seminarprogramm: ja
Behindertengerecht: nein
▲

Freizeitzentrum Wirberg
D-35447 Reiskirchen
06401/5577
Anmeldung: Geschäftsstelle
Laubach, 06405/6733
Seminarraumgrößen in qm: 1x42
Lautstärke möglich: ja
Belegungszahl insgesamt: ca. 25
EZ: 2 DZ: 1 MBZ/Personen: ca. 20

Selbstversorgung
Eigenes Seminarprogramm: neim
Behindertengerecht: nein
▲

**Kamala Institut/
Tagungsstätte**
Amselweg 1
D-35649 Bischoffen-Roßbach
Tel 06444/1359
Fax 06444/6136
Seminarraumgrößen in qm:
1x170, 1x50, 1x40
Lautstärke möglich: ja
Belegungszahl insgesamt: 70
DZ: 4 MBZ/Personen: 62
Vegetarisch
Eigenes Seminarprogramm: ja
▲

**Waldgasthof Wachtküppel
Seminar-Tagungshaus**
Steinbruch 1
D-36129 Gersfeld
06654/323
Seminarraumgrößen in qm:
1x50, 1x25
Belegungszahl: 18
Eigenes Seminarprogramm: nein
Behindertengerecht: bedingt
▲

**Pythagoras Seminarhaus
Vollwert-Pension**
D-36145 Hofbieber/Rhön
Tel 06657/8854 od. 1779
Fax 06657/1815

3

Seminarraumgrößen in qm:
1x216, 1x90, 1x83, 1x66, 1x40
Lautstärke möglich: ja
Vollwertkost, vegetarisch
Eigenes Seminarprogramm: ja
Behindertengerecht: nein

Unser (rauchfreies !) Haus liegt im
Grünen am Waldrand, ca. eine
Bahnstunde von Frankfurt, im
Herzen Deutschlands (500m ü. M.).
Frühstücks- und Abendbuffet,
3-gängiges Mittagsmenü,
Kaffee und Vollwertkuchen.

▲

Dr. Klaus Schwerdtfeger
Pfarrgasse 11
D-36367 Wartenberg
06641/5228
Seminarraumgrößen in qm: 1x70
Lautstärke möglich: ja
Belegungszahl insgesamt: 20
MBZ/Personen: 20
Vegetarisch, Selbstversorgung
Eigenes Seminarprogramm: ja
Behindertengerecht: nein

▲

**Kuckucksnest im Spessart
Seminarhaus**
Ramholzer Straße 2
D-36381 Schlüchtern-Vollmerz
06664/8246
Seminarraumgrößen in qm:
1x100, 1x30, 1x25, 1x17
Lautstärke möglich: ja

Belegungszahl insgesamt: 30
EZ: 1 DZ: 3 MBZ/Personen: 23
Vollwertkost, vegetarisch
Eigenes Seminarprogramm: nein
Behindertengerecht: nein
▲

Künstlerhaus Phönix
Raiffeisenstraße 5
D-36399 Freiensteinau/Gunzenau
06644/640
Seminarraumgröße in qm:
1x70, div. Gruppenräume
Belegungszahl: 18
Eigenes Seminarprogramm: ja
Behindertengerecht: bedingt
▲

Parimal
Gut Hübenthal
D-37218 Witzenhausen
Tel 05542/5227
Fax 05542/72830
Seminarraumgrößen in qm:
1x70, 1x35
Lautstärke möglich: ja
Belegungszahl insgesamt: 42
EZ: 2 DZ: 7 MBZ/Personen: 26
Vegetarisch
Eigenes Seminarprogramm: ja
Behindertengerecht: nein
▲

3

**Jugendbildungsstätte
Ludwigstein**
Burg Ludwigstein
D-37214 Witzenhausen
Tel 05542/5151
Fax 05542/3649
Seminarraumgrößen in qm:
8 Räume, 20–80 Pers.
Lautstärke möglich: nein
Belegungszahl insgesamt: 58
DZ: 12 MBZ/Personen: 34
Normal, Vollwertkost, vegetarisch,
Selbstversorgung
Eigenes Seminarprogramm: ja
Behindertengerecht: ja
▲

*Tagungsstätte
für
ganzheitliche
Lebensweise
GmbH*

❏ geeignet für Seminare bis 25 Personen
❏ 25 km östlich von Kassel, ruhige Waldrandlage
❏ Einzel-, Doppel- und Dreibettzimmer
❏ Kursräume 56 qm Teppichboden, 32 qm Parkett
❏ gute vegetarische Vollwertkost vorwiegend aus
  biologischem Anbau
❏ Balkon, Terrasse, Liegewiese
❏ ab Herbst/Winter 1993 Sauna im Haus
❏ Hausprospekt anfordern bei:

**Gaia Tagungsstätte GmbH
Am Jägerhof 7 ● 37235 Küchen
Telefon 0 56 56 / 40 62
Telefax 0 56 58 / 85 06**

Tagungshaus Gaia GmbH
Am Jägerhof 7
D-37235 Hess-Lichtenau
Tel 05656/4062
Fax 05658/8506
Seminarraumgrößen in qm:
1x56, 1x32
Lautstärke möglich: ja
Belegungszahl insgesamt: 25
EZ: 3 DZ: 4 MBZ/Personen: 14
Vollwertkost, vegetarisch
Eigenes Seminarprogramm: nein
Behindertengerecht: nein
▲

**Altes Forsthaus
Germerode e. V.**
Abteroederstraße 1
D-37290 Meissner 2
05657/678
Seminarraumgrößen in qm:
1x57qm, 1x37qm, 1x29qm,
1x20qm, 2x18 qm
Lautstärke möglich: nein
Belegungszahl insgesamt: 38
EZ: 16 DZ: 11
Vollwertkost, vegetarisch
Eigenes Seminarprogramm: ja
Behindertengerecht: ja
▲

Tagungshaus Schwalbenthal
D-37290 Meißner
05657/214
Seminarraumgrößen in qm:
1x105, 1x36
Lautstärke möglich: ja

3

Belegungszahl insgesamt: 40
EZ: 1 DZ: 3 MBZ/Personen: 33
Vegetarisch
Eigenes Seminarprogramm: nein
Behindertengerecht: nein

Im Herzen Deutschlands (Hessen)
in 620 m Höhe auf dem Hohen
Meißner im Naturpark gelegen
(Alleinlage).
95 km Fernblick vom Haus aus.
Ein besonderer Veranstaltungsort –
ein bißchen näher am Himmel.
▲

Arkanum Yogazentrum
Am Fallersleber Tor 6
D-38100 Braunschweig
0531/15107
Seminarraumgrößen in qm: 1x50
Belegungszahl: 20
Eigenes Seminarprogramm: ja
Behindertengerecht: nein
▲

Ein besonderer Platz? Wir haben ihn – etwas näher am Himmel ......

Schöne Alleinlage in
620 m Höhe im
Naturpark auf dem Hohen
Meißner/Nähe Kassel
95 km Fernblick Haus
Kursräume: 105 & 36 m²
sehr gute vegetarische
Küche

**Prospekt anfordern:
Tagungshaus
Schwalbenthal**
D-37290 Meißner
Tel 05657-214

Blick vom Schwalbenthal/Talnebel

Bahnhof Matierzoll
Bahnhofstraße 10
D-38170 Winnigstedt/Matt.
05331/26774
Seminarräume: 2
Belegungszahl: 18-25
Eigenes Seminarprogramm: nein
Behindertengerecht: nein
▲

**Institut für
Sufi-Forschung**
Klintwinkel 1
D-38170 Winnigstedt
05336/8391
Seminarraumgrößen in qm: 1x70
Lautstärke möglich: ja
Selbstversorgung
Eigenes Seminarprogramm: nein
Behindertengerecht: nein

Institut für Sufi-Forschung,
Seminarraum 70 qm, einfache
Küche, 2 Räume 22 qm, 2 Räume
12 qm und Seminarraum zum
Schlafen; ländlich, Nähe Braun-
schweig. Institut: Isag Schmidkunz,
Klintwinkel 1, D-38170
Winnigstedt. Tel 05336/8391
▲

**Politische Bildungsstätte
Helmstedt e. V.**
Am Bötschenberg 4
D-38350 Helmstedt
Tel 05351/41021
Fax 05351/41014

Seminarraumgrößen in qm:
5 Räume, 30–90 Pers.
Lautstärke möglich nein:
Belegungszahl insgesamt: 120
EZ: 34 DZ: 43
Normal, vegetarisch
Eigenes Seminarprogramm: ja
Behindertengerecht: nein
▲

**Kraftzwerg e.V.
Altes Zechenhaus**
Silbernaal 1
D-38678 Clausthal-Zellerfeld
05323/84122
Seminarraumgrößen in qm:
1x60, 1x50, 3x20
Lautstärke möglich: ja
DZ: 2 MBZ/Personen: 7 Zimmer
Normal, Vollwertkost, vegetarisch,
Selbstversorgung
Eigenes Seminarprogramm: nein
Behindertengerecht: nein
▲

**Seminar- und Tagungshaus
Burg Lutter**
D-38729 Lutter
05383/1884
Seminarraumgrößen in qm: 1x23
Selbstversorgung
Eigenes Seminarprogramm: nein
▲

**Gast-und Seminarhaus
Wurzelhof**
Marktplatz 36
D-3921 Langschlag
02814/378
Seminarraumgrößen in qm:
1x120, bzw. 2x60, 2x45
Lautstärke möglich: ja
Belegungszahl insgesamt: 40
DZ: 7 MBZ/Personen: 26
Vollwertkost
Eigenes Seminarprogramm: nein
Behindertengerecht: nein
▲

**Ökomenisches Zentrum
für Meditation und
Begegnung**
Neumühle
D-40822 Mettlach-Tünsdorf
Tel 06868/1215
Fax 06868/1270
Seminarraumgröße in qm:
2 Räume
Belegungszahl: 45
Eigenes Seminarprogramm: ja
Behindertengerecht: nein
▲

**Brunnenhaus
Seminar- und Tagungsstätte**
In der Aue 2
D-42929 Wermelskirchen 2
02193/3252
Seminarraumgrößen in qm:
1x90,1x60, 2x50
Belegungszahl:

Eigenes Seminarprogramm: ja
Behindertengerecht: nein
▲

**Carpe Diem- Zentrum für
ganzheitliche
Lebensgestaltung**
Wittener Str. 6-8
D-44149 Dortmund
0231/17944
Seminarraumgrößen in qm:
1x46, 1x12
Lautstärke möglich: ja
Belegungszahl insgesamt: 14
Selbstversorgung
Eigenes Seminarprogramm: ja
Behindertengerecht: nein
▲

**„die Brücke"
Zentrum für Primärtherapie
Selbsterfahrung**
Hagenerstraße 38
D-44225 Dortmund
0231/715455
Seminarraumgrößen in qm:
1x40, 2 Einzelräume
Belegungszahl: 12
Eigenes Seminarprogramm: ja
Behindertengerecht: nein
▲

4

Schloß Gnadenthal Tagungs- und Bildungsstätte
D-47533Kleve
Tel 02821/29080
Fax 02821/24780
Seminarraumgrößen in qm:
7 Räume, 28-55
Lautstärke möglich: n. Absprache
Normal, Vollwertkost, vegetarisch,
Eigenes Seminarprogramm: nein
Behindertengerecht: ja
▲

Jugenddorf-Bildungszentrum Schloß Walbeck
Am Schloß Walbeck 31
D-47608 Geldern
Tel 02831/5705 + 88591
Fax 02831/87680
Seminarraumgrößen in qm: 20-50
Lautstärke möglich: nein
Belegungszahl insgesamt: 106
EZ: 7 DZ: 7 MBZ/Personen: 85
Normal, Vollwertkost
Eigenes Seminarprogramm: ja
Behindertengerecht: nein
▲

Frauenbildungs- und Pension Harhotten
Hozzingen 19
D-48282 Emsdetten
Seminarraumgrößen in qm: 2x45
Lautstärke möglich: ja
Belegungszahl insgesamt: 56
EZ 2: DZ: 2 MBZ/Personen : 50

Normal, Vollwertkost, vegetarisch,
Behindertengerecht: ja
▲

Ferienhaus e.V. Osteresch
Zum Osteresch 1
D-48496 Hopsten-Schale
05457/1513
Seminarraumgrößen in qm:
1x40, 1x25
Belegungszahl: 14
Eigenes Seminarprogramm: ja
Behindertengerecht: ja
▲

Tagungshaus Karneol
Sellen 2
D-48565 Steinfurt
02551/80472
Seminarraumgrößen in qm:
1x90, 1x40
Lautstärke möglich: ja
Belegungszahl insgesamt: 29
EZ: 2 DZ: 3 MBZ/Personen: 21
Vollwertkost, vegetarisch
Eigenes Seminarprogramm: ja
Behindertengerecht: nein

Inmitten von Wiesen und Feldern liegt unser Tagungshaus für gehobene Ansprüche. Es verfügt über 29 Betten, 2 große Seminarräume ausgestattet für Körper- und Kopfarbeit, Sauna, Fahrräder, Vollwertkost (auch mit Fleisch).
▲

Haus Maria Frieden
Jugendbildungshaus
Klosterstraße 13
D-49134 Wallenhorst
Tel 05407/80810
Fax 05407/808182
Seminarraumgrößen in qm:
1x90, 1x55
Lautstärke möglich: ja
Belegungszahl insgesamt: 50
EZ: 4 DZ: 20
MBZ/Personen: 6
Normal, Vollwertkost
Eigenes Seminarprogramm: ja
Behindertengerecht: ja
▲

Geburtshaus Dr. J. Christ
Am Berg 9
D-49143 Schledehausen
Tel 05402/9910-0
Fax 05402/9910-20
Seminarraumgrößen in qm:
1x112
Lautstärke möglich: ja
Belegungszahl insgesamt: 7
Familienzimmer
Vollwertkost, vegetarisch
Eigenes Seminarprogramm ja:
Behindertengerecht: nein
▲

Kulturzentrum
Wilde Rose e. V.
Borgholzhausenerstraße 75-79
D-49324 Melle

05422/5763
Lautstärke möglich: ja
Seminarraumgrößen in qm:
1x82, 1x57, 1x37, 1x36
Belegungszahl: 45
Eigenes Seminarprogramm: ja
Behindertengerecht: nein
▲

JFZ-Dümmer
Dümmer Straße 42
D-49401 Damme
05491/7676
Seminarraumgrößen in qm:
insgesamt ca. 200
Lautstärke möglich: ja
Belegungszahl insgesamt: 110
EZ: 4 DZ: 8 MBZ/Personen: 90
Normal, Vollwertkost, vegetarisch
Eigenes Seminarprogramm: nein
Behindertengerecht: ja
▲

Haus „Von der Becke"
Sonnenwinkel 1
D-49545 Tecklenburg
Tel 05482/68133
Fax 05482/68160
Seminarraumgrößen in qm:
1x100, 1x30, 1x24, 1x20, 2x15
Belegungszahl: 80
Eigenes Seminarprogramm: nein
Behindertengerecht: nein
5468/1813
▲

Heuerhaus Höcklenkamp

Schoenmakerskamp 3
D-49824 Emlichheim
05943/1266
Seminarraumgrößen in qm:
1x40, 1x80
Lautstärke möglich: ja
Belegungszahl insgesamt: 18
EZ: 1 DZ: 2
MBZ/Personen: 6 + 7
Selbstversorgung
Eigenes Seminarprogramm: ja
Behindertengerecht: nein
▲

Heuerhaus Höcklenkamp

In Ruhe tagen und erholen
Bentheim / Nieders.

Für Selbstversorgergruppen zw. 10
und 16 Gästen   14,-/Pers./Übern.

Eigenes Programm
Kreative Wochenendkurse
3 X 1 Woche SOMMERAKADEMIE
'Mal-Ferien-Machen'

Mehr Informationen:
**Bildungswerk, Schoemakerskamp 3,
49824 Emlichheim, 05943 / 1266**

Werkhof Getelo

Grenzweg 83
D-49843 Getelo
05942/895
Seminarraumgrößen in qm:
1x60, 1x50
Lautstärke möglich: ja
Belegungszahl insgesamt: 25
EZ: 2 DZ: 2
MBZ/Personen: 19
Vollwertkost, Selbstversorgung
Eigenes Seminarprogramm: ja
Behindertengerecht: ja

Ein Ort für Gruppen die mit
diversen eigenen Programmen
kommen, an künstlerischen,
therapeutischen, erlebens-
pädagogischen Kursen teilnehmen,
ihre innovativen und kreativen
Fähigkeiten entwickeln wollen.
▲

Tagungs- u. Gästehaus St. Georg

Rolandstraße 61
D-50677 Köln
Tel 0221/937020-0
Fax 0221/93702044
Seminarraumgrößen in qm:
15-150
Lautstärke möglich: ja (tags)
Belegungszahl insgesamt: ca. 80
EZ: 12 DZ: 13
MBZ/Personen: ca. 40
Normal, Vollwertkost, vegetarisch,
Eigenes Seminarprogramm: ja
Behindertengerecht: ja
▲

Thalamus Heilpraktikerschule
Marsiliusstraße 36
D-50937 Köln
Tel 0221/442288 Fax 0221/416622
Seminarraumgrößen in qm:
1x70, 1x45
Lautstärke möglich: nein
Belegungszahl insgesamt: 40
MBZ/Personen: 40
Selbstversorgung
Eigenes Seminarprogramm: ja
Behindertengerecht: nein
▲

Surya-Yoga-Zentrum
Dorfstraße
D-51491 Overath
02207/7557
Seminarraumgrößen in qm: 1x70
Lautstärke möglich: nein
Belegungszahl insgesamt: 36
DZ: 3 MBZ/Personen: ca. 30
Vollwertkost, Selbstversorgung
Eigenes Seminarprogramm: ja
Behindertengerecht: nein
▲

Erika Wuttke
Gesundheitsberatung
Crottorferstraße 51
D-51580 Reichshof/Bergerhof
Tel 02297/7810 Fax 02297/7828
Seminarraumgrößen in qm: 1x110
Normal, Vollwertkost, vegetarisch,
Eigenes Seminarprogramm: nein
Behindertengerecht: nein
▲

Haus Hembach
Gäste- und Seminarhaus
Dorfstraße 2-4
D-51688 Wipperfürth-Wipperfeld
02268/466
Seminarraumgrößen in qm:
1x30, 1x160
Belegungszahl: 40
Eigenes Seminarprogramm: nein
Behindertengerecht: nein
▲

Alber-Schweitzer-Haus e.V.
Beethovenallee 16
D-53173 Bonn-Bad Godesberg
0228/364737
Seminarraumgrößen in qm:
1x60 Pers., 1x35 Pers.
Eigenes Seminarprogramm: ja
Behindertengerecht: nein
▲

Gustav-Stresemann-
Institut e.V.
Langer Grabenweg 68
D-53175 Bonn
Tel 0228/8107-0
Fax 0228/8107198
30 verschiedene Seminar- und
Tagungsräume
Belegungszahl: 330
Eigenes Seminarprogramm: ja
Behindertengerecht: ja
▲

Ahrenze-Hus, Edith Selbach
Hauptstraße 25 + 27
D-53506 Lind
02643/6530
Seminarraumgrößen in qm: 1x45
Belegungszahl: 18
Eigenes Seminarprogramm: nein
Behindertengerecht: nein
▲

**Familien- und
Gesundheitszentrum Villa
Schaaffhausen**
Schaaffhausenstraße 5
D-53604 Bad Honnef
Tel 02224/917-0Fax 02224/917110
Seminarraumgrößen in qm:
1x130, 1x53, 1x45, 1x37
Lautstärke möglich: ja
Belegungszahl insgesamt: 124
EZ: 50 DZ: 4 MBZ/Personen: 66
Vollwertkost, vegetarisch
Eigenes Seminarprogramm: ja
Behindertengerecht: nein
▲

Sportschule Hennef
Sövener Straße 60
D-53773 Hennef
Tel 02242/8860 Fax 02242/886350
Seminarraumgrößen in qm:
7 Räume
Belegungszahl insgesamt: 307
EZ: 12 DZ: 55 MBZ/Personen: 185
Normal, Vollwertkost
Eigenes Seminarprogramm: ja
Behindertengerecht: nein
▲

Haus für Yoga, M.Hegemann
Niels-Bohr-Str. 62
D-53881 Euskirchen-Kirchheim
02255/1029
Seminarraumgrößen in qm: 1x60
Belegungszahl: 8
Eigenes Seminarprogramm: ja
Behindertengerecht: nein
▲

Das Haus, Seminarhaus
Triererstraße 27
D-53894 Mechernich
02131/85432
Seminarraumgrößen in qm:
1x310, 1x180, 1x130
Lautstärke möglich: ja
Belegungszahl insgesamt: 30
EZ: 5 DZ: 5 MBZ/Personen:15
Selbstversorgung
Eigenes Seminarprogramm: ja
Behindertengerecht: ja

Das Haus hat zwei Säle, verbunden
zu 310 qm, bis zu 150 Personen.
Zur Verfügung: Videoanlage, Dia-
und Overheadprojektor,
Lautsprecheranlage mit CD und
Cassettendeck, große Küche,
Aufenthaltsraum, Terasse, Garten.
▲

Haus Regenbogen
Auf dem Schülen 2-4
D-53902 Bad Münstereifel
02257/1664-5

5

Haus Regenbogen
Auf dem Schülen 2-4
D-53902 Bad Münstereifel
02257/1664-5
Seminarraumgrößen in qm: 1x60
Lautstärke möglich: ja
Belegungszahl insgesamt: 17
EZ: 1 DZ: 3 MBZ/Personen: 10
Vollwertkost
Eigenes Seminarprogramm: ja
Behindertengerecht: nein
▲

Frauenbildungshaus e. V.
Prälat-Franken-Straße 13
D-53909 Zülpich-Lövenich
02252/6577
Seminarraumgrößen in qm:
1x80, 1x60, 1x20
Lautstärke möglich: teilweise
Belegungszahl insgesamt: 31
EZ: 2 DZ: 7 MBZ/Personen: 15
Normal, Vollwertkost, vegetarisch,
Selbstversorgung
Eigenes Seminarprogramm: ja
Behindertengerecht: teilweise
▲

Seminarhaus Schmiede
Römerstraße 5
D-54298 Welschbillig bei Trier
Tel 06506/577
Fax 06506/578
Seminarraumgrößen in qm:
1x36, 1x33
Lautstärke möglich: ja
Belegungszahl insgesamt: 12

MBZ/Personen: 12
Selbstversorgung
Eigenes Seminarprogramm: ja
Behindertengerecht: nein
▲

Landhaus Arnoth
Auf dem Pütz
D-54483 Kleinich
06536/286
Seminarraumgrößen in qm:
1x58, 1x50, 1x13
Lautstärke möglich: ja
Belegungszahl insgesamt: 35
EZ: 15
Normal, Vollwertkost, vegetarisch,
Eigenes Seminarprogramm: nein
Behindertengerecht: nein
▲

Lernwerkstatt e. V.
Bildungs- u. Begegnungshaus
Brunnenstraße 1
D-54570 Niederstadtfeld/Eifel
06596/551 o. /1031
Seminarraumgrößen in qm:
1x85, 1x55, 1x35
Lautstärke möglich: nein
Belegungszahl: 27
EZ: 2 DZ: 12
Vollwertkost, vegetarisch
Eigenes Seminarprogramm: ja
Behindertengerecht: nein
▲

Hans Vater, Dipl. Soz. Arb.
Freizeitheime
Am Berlingerbach
D-54570Gerolstein- Pelm
06591/7801
Seminarraumgrößen in qm: 1x40
Lautstärke möglich: ja
Belegungszahl insgesamt: 48
DZ: 4 MBZ/Personen: 40
Normale Verpflegung
Eigenes Seminarprogramm: nein
Behindertengerecht: teilweise
▲

Haus Feldmaus
Knaufspescherstraße 14
D-54597 Olzheim/Schnee-Eifel
Tel 06552/7814
Fax 06552/7125
Seminarraumgrößen in qm: 1x50
Lautstärke möglich: ja

Belegungszahl insgesamt: 20
EZ: 2 DZ: 5 MBZ/Personen: 8
Vollwertkost
Eigenes Seminarprogramm: nein
Behindertengerecht: nein

▲

**Jugendbildungs- und
Tagungshaus Nimshuscheid**
Hauptstraße 9
D-54612 Nimshuscheid
06591/7801 oder 06553/2286
Seminarraumgrößen in qm: 1x30
Lautstärke möglich: ja
Belegungszahl insgesamt: 30
MBZ/Personen: 30
Selbstversorgung
Eigenes Seminarprogramm: nein
Behindertengerecht: nein
▲

Frauenlandhaus
Holzappellestraße 3
D-56379 Charlottenburg
06439/7531
Seminarraumgrößen in qm:
1x100, 1x60
Lautstärke möglich: ja
Belegungszahl insgesamt: 96
EZ: 40 DZ: 4 MBZ/Personen: 48
Vollwertkost, vegetarisch,
Selbstversorgung
Eigenes Seminarprogramm: ja
Behindertengerecht: nein
▲

Villa Kunterbunt
Tagungs- und Ferienhaus
Bahnhofstraße 2
D-56414 Bilkheim
06435/6576
Seminarraumgrößen in qm:
2x36
Lautstärke möglich: ja
Belegungszahl insgesamt: 18
MBZ/Personen: 18
Vollwertkost, vegetarisch,
Selbstversorgung
Eigenes Seminarprogramm: nein
Behindertengerecht: nein
▲

Freizeiteinrichtung
Westerburg
Hilserber 41
D-56457 Westerburg
02663/3651

Seminarraumgrößen in qm:
1x40, 1x30, 1x12
Lautstärke möglich: ja
Belegungszahl insgesamt: 44
Normal, Vollwertkost, vegetarisch
Eigenes Seminarprogramm: nein
Behindertengerecht: nein
▲▲

Waldhaus
am Laacher See
Heimschule 1
D-56645 Nickenich
02636/3344
Seminarraumgrößen in qm: 1x100
Belegungszahl insgesamt: 35
Eigenes Seminarprogramm: ja
Behindertengerecht: ja

Seminarhaus für Meditation,
bewußtes Leben, Buddhismus,
Körperarbeit, Yoga, Tai-Chi und
anderes. Schwerpunkt ist die
Vipassana-Methode und Einischts-
Meditation.
▲

Jonathan Zentrum
für Selbstentfaltung
D-56814 Pfalzerhof b. Cochem
02671/3198
Seminarraumgrößen in qm: 1x40
Belegungszahl: 10-18
Eigenes Seminarprogramm: ja
Behindertengerecht: nein
▲

**Kulturwerkstatt Fränkischer
Hof in der Eifel**
Unterstraße 16
D-56829 Kail
02672/8486
Seminarraumgrößen in qm: 1x85
Lautstärke möglich: ja
Belegungszahl insgesamt: 18
EZ: 4 DZ: 3 MBZ/Personen: 8
Vollwertkost, vegetarisch,
Selbstversorgung
Eigenes Seminarprogramm: ja
Behindertengerecht: nein
▲

Jugendburg Bilstein
Von-Gevore-Weg 10
D-57368 Lennestadt 1
02721/81217
Seminarraumgrößen in qm:

1x150, 1x90, 1x50, 1x45, 1x40,
2x30
Belegungszahl: 226
Eigenes Seminarprogramm: nein
Behindertengerecht: nein
▲

Haus Felsenkeller e. V,
Heimstraße 4
D-57610 Altenkirchen
Tel 02681/3870
Fax 02681/7638
Seminarraumgrößen in qm:
1x70, 2x40
Lautstärke möglich: ja
Belegungszahl insgesamt: 31
EZ: 2 DZ: 1 MBZ/Personen: 27

Vollwertkost, vegetarisch,
Selbstversorgung
Eigenes Seminarprogramm: ja
Behindertengerecht: nein
▲

Op de Hardt-Seminarhaus
Hardt 1
D-57632 Kescheid
02685/1889
Seminarraumgrößen in qm:
1x65, 1x35
Lautstärke möglich: ja
Belegungszahl insgesamt: 21
EZ: 3 DZ: 6 MBZ/Personen: 6
Vegetarisch, Selbstversorgung
Eigenes Seminarprogramm: nein
Behindertengerecht: nein
▲

Seminarzentrum Witten
Ardeystraße 287+Stockumer Str.35
D-58453 Witten
02302/63240
Seminarraumgrößen in qm:
1x100, 2x50, 1x30
Lautstärke möglich: ja
Belegungszahl insgesamt: 68
EZ: 6 DZ: 13 MBZ/Personen: 36
Vollwertkost, vegetarisch
Behindertengerecht: nein
▲

**Studienhaus
Hof Sonneborn e. V.**
Sonneborn 4
D-58840 Plettenberg
Tel 02391/70332 Fax 02391/70115
Seminarraumgrößen in qm:
1x80, 1x60
Lautstärke möglich:
Belegungszahl insgesamt: 30
MBZ/Personen: 30
Vollwertkost, vegetarisch
Eigenes Seminarprogramm: ja
Behindertengerecht: nein

Studienhaus Hof Sonneborn e. V.,
58840 Plettenberg, Tel. 02391/
70332, Fax 02391/70115. Reizvolle
Alleinlage, Vollwertkost, 2 Seminarräume (60 und 80 qm), 30 Personen. Eigenes Seminarprogramm,
Hubschrauberrundflüge, eigene
Pferde.
▲

Haus Buntspecht
Zum Hafen 1
D-59846 Sundern-Stockum
Tel 02933/7121
Fax 02933/7568
Seminarraumgrößen in qm:
1x35, 1x45, 1x70
Lautstärke möglich: ja
Belegungszahl insgesamt: 20
EZ: 2 DZ: 9
Vollwertkost, vegetarisch,
auf Wunsch Selbstversorgung
Eigenes Seminarprogramm: ab 94
Behindertengerecht: nein
▲

**Freizeit- und
Bildungszentrum Blessenhohl**
D-59889 Eslohe-Wenholthausen-
Blessenhol
Kontakt: Familienbildungswerk
Westfalen e. V
0231/142011
Seminarraumgrößen in qm: 1x60
Belegungszahl: 50
Eigenes Seminarprogramm: nein
▲

**Praxis-Studio
Hofgut Wickstadt**
D-61194 Niddatal
06034/3200

HAUS BUNTSPECHT
Zum Hafen 1   59846 Sundern- Stockum
Tel. 02933/7121 oder 7151 Fax 7568

Seminarhaus für Gruppen bis 20 Personen.
Wir gehen in Ernährung (Vollwert oder
normales Essen) und Ausstattung (z.B.
Tonstudio, Klavier, Viedeo) auf Ihre
Wünsche ein. Raumgrößen 35, 45 und 70
qm. Unterbringung in Doppel- und
Einzelzimmern mit Dusche WC. Im Haus
sind Kaminraum, Sauna, Tischtennis.
Eigenes Seminarprogramm
Info: Haus Buntspecht
Zum Hafen 1, D-59846 Stockum
Tel 02933/7121 Fax 02933/7568

Seminarraumgrößen in qm: 1x46
Lautstärke möglich: ja
Belegungszahl insgesamt: 15
MBZ/Personen: 15
Selbstversorgung
Eigenes Seminarprogramm: nein
Behindertengerecht: nein
▲

**Bund Deutscher Pfadfinder
Bildungsstätte Alte Schule
Anspach e. V.**
Schulstr. 3
D-61267 Neu-Anspach
Tel 06081/41772
Fax 06081/960083
Seminarraumgrößen in qm:
2xca. 40
Lautstärke möglich: ja
Belegungszahl insgesamt: 53
Von EZ bis MBZ
Normal, Vollwertkost, Vegetarisch,
Selbstversorgung
Eigenes Seminarprogramm: ja
Behindertengerecht: ja
▲

Familienferienhof Mauloff
D-61276 Weilrod
Tel 06084/2674
Fax 06084/3909
Seminarraumgrößen in qm:
25–100
Lautstärke möglich: nein
Belegungszahl insgesamt: 180
MBZ/Personen: 180
Normal, Vollwertkost, vegetarisch,

Eigenes Seminarprogramm: nein
Behindertengerecht: teilweise
▲

Kinderschloß Ockstadt
Backgasse 36
D-61169 Friedberg-Ockstadt
Tel 06031/5383
Fax 06031/64878
Lautstärke möglich: ja
Normal, Selbstversorgung
Eigenes Seminarprogramm: nein
Behindertengerecht: nein

Diverse Tagungsräume (Türme),
Zelten möglich, Selbstversorgung
18–20 DM tgl., Vollverpflegung ab
40 DM tgl.- Besonders für Gruppen mit Kindern (Kinderbetreuung).
Altes Wasserschloß, Wanderungen im Taunus, Nähe Frankfurt,
Schwimmbad.
▲

Robert-Grimm-Heim
Hegewiese 33
D-61389 Schmitten
Tel: 06084/2473
Seminarraumgrößen in qm: 25-60
Lautstärke möglich: nein
Belegungszahl insgesamt: 85
Normale Verpflegung
Eigenes Seminarprogramm: nein
Behindertengerecht: nein
▲

**Fritz-Emmel-Haus
Jugenbildungsstätte**
Königsteiner Straße 33
D-61476 Kronberg/Ts.
Tel 06173/78673
Fax 06173/4705
Seminarraumgrößen in qm:
1x150, 1x100
Lautstärke möglich: ja
Belegungszahl insgesamt:78
EZ: 54 MBZ/Personen: 24
Normal, Vollwertkost, vegetarisch,
Eigenes Seminarprogramm: nein
Behindertengerecht: nein
▲

Seminarhaus Kapellenhof
Hirzbach 15
D-63546 Hammersbach
06185/1614
Seminarraumgrößen in qm:
1x110, 1x50, 1x30
Lautstärke möglich: ja
Belegungszahl insgesamt: 56
EZ: 2 DZ: 2 MBZ/Personen: 50
Vegetarisch
Eigenes Seminarprogramm: nein
Behindertengerecht: nein
▲

**Burckhardthaus
Evang. Inst. f. Jugend- und
Sozialarbeit e. V.**
Herzbachweg 2
Postfach 1264
D-63551 Gelnhausen
06051/89230

Seminarraumgrößen in qm:
insges. 130
Lautstärke möglich: nein
Belegungszahl insgesamt: 75
EZ: 35 DZ: 20
Normal, Vollwertkost, Vegetarisch,
Selbstversorgung
Eigenes Seminarprogramm: ja
Behindertengerecht: nein
▲

Hufeisenhof/Spessart
D-63589 Linsengericht
06051/66331
Seminarraumgrößen in qm:
20-70
Lautstärke möglich: nein
Belegungszahl insgesamt:161
EZ: 4 DZ: 36 MBZ/Personen: 85
Normal, Vollwertkost, vegetarisch,
Eigenes Seminarprogramm: nein
Behindertengerecht: ja
▲

Katharina-Staritz-Haus
Kurstraße 22 Pf
D-63662 Nidda-Bad Salzhausen
06043/2617
Seminarraumgrößen in qm:
20–40
Lautstärke möglich: nein
Belegungszahl insgesamt: 33
EZ: 11 DZ: 11
Normal, Vollwertkost, vegetarisch
Eigenes Seminarprogramm nein
Behindertengerecht: nein
▲

**Tagungshaus Vogelsberg
Psychotherap. Inst. W. Groß**
Mittel-Seemer-Str. 4-6
D-63688 Gedern 2 (Ober-Seemen)
089/440917 oder 06045/2882
Seminarraumgrößen in qm:
1x85, 1x55
Lautstärke möglich: ja
Belegungszahl insgesamt: 37
EZ: 25 MBZ/Personen: 12
Vollwertkost, Selbstversorgung
Behindertengerecht: nein
▲

Seminarhaus Karun
Spessartstraße 7
D-63869 Heigenbrücken
06020/555
Seminarraumgrößen in qm: 1x60
Lautstärke möglich: ja
Belegungszahl insgesamt: 20
DZ: 2 MBZ/Personen: 16
Vegetarisch
Eigenes Seminarprogramm: ja
Behindertengerecht: nein

Helles, freundliches Haus. Geeignet für Gruppen bis 20 Personen.
Jedes Zimmer mit Dusche und
WC. Gruppenraum mit Teppichboden. Große Parkanlage.
▲

Haus der Inneren Einkehr
Schwarzkopfweg 3
D-63869 Heigenbrücken
06020/8091
Belegungszahl: 25

Eigenes Seminarprogramm: nein
Behindertengerecht: nein
▲

**Seminarzentrum
Odenwaldhof GmbH**
Alter Weg 24
D-64711 Erbach-Günterfürst
Tel 6062/7681
Fax 06062/3093
Seminarraumgrößen in qm:
2 große Gruppenräume
Lautstärke möglich: ja
Vollwertkost
Eigenes Seminarprogramm: nein
Behindertengerecht: nein
▲

Bildungsstätte der IG Medien
Am Geisberg
D-65319 Heidenrod-Springen
Tel 06124/5190
Fax 06124/51990
Seminarraumgrößen in qm:
34—145
Lautstärke möglich: nein
Belegungszahl insgesamt: 166
EZ: 52 DZ: 57
Normal, Vollwertkost, Vegetarisch,
Eigenes Seminarprogramm: ja
Behindertengerecht: ja
▲

SEMINARZENTRUM ODENWALDHOF GmbH

Der Odenwaldhof liegt auf einem Gelände von ca. 11.000 qm Größe, abseits der großen Städte und doch im Herzen Deutschlands, 70 km südöstlich von Frankfurt, im Erbacher Ortsteil Günterfürst, umgeben von bewaldeten Hügeln. Auf dem Hof befinden sich 2 Gruppenhäuser. Das eine Haus (wir nennen es Therapiezentrum), ist bereits ein, bei Kennern gut eingeführtes Zentrum für eher therapeutisch orientierte Seminare. Dort verfügen wir über einen gut ausgestatteten Seminarraum, Küche und Speisezimmer. Unterbringungsmöglichkeiten bestehen für 24 Menschen in Mehrbettzimmern mit Etagendusche und WC. Das zweite Haus (Seminarzentrum) ist auch für Indistriekunden geeignet. Es sind 15 Einzel- bzw. Doppelzimmer vorhanden, alle mit Telefon, Dusche und WC. Der Seminarraum, ca. 78 qm ist professionell ausgestattet, mit Moderationswänden, Flip Chart, Overheadprojektor, Video und Bestuhlung. Auch dieses Haus verfügt

über einen eigenen Eß- und Aufenthaltsraum. Herzstück des Hofes ist die Pyramide mit einer Grundfläche von 81 qm. Mit ihr verfügen wir auf dem Odenwaldhof über einen in Deutschlands Seminarlandschaft einzigartigen, idealen Raum für Meditation und Begegnung: Darüberhinaus ist die Pyramide für Seminare hervorragend nutzbar. Alle Seminarräume haben einen Teppichbodenbelag und sind mit Musikanlagen ausgestattet. Des weiteren ist eine Sauna vorhanden. Wir kochen natürlich selbst, bevorzugt Vollwertkost, richten uns aber nach den Wünschen der Gruppen.
Unsere Preise: im Therapiezentrum, DM 80,–
im Seminarzentrum, DM 95,– (Doppelzimmer m. Dusche, WC, Telefon),
DM 115,– (Einzelzimmer m. Dusche, WC, Telefon)
Seminarzentrum Odenwaldhof, Alter Weg 24, D-64711 Erbach-Günterfürst
Tel 06062/7681 Fax 06062/2031

**Osho Mahabodhi
Meditationszentrum**
Wundstraße 29
D-69123.Heidelberg
06221/840518
Seminarraumgrößen in qm:
1x40, 1x15
Belegungszahl: 12
Eigenes Seminarprogramm: ja
Behindertengerecht: nein
▲

Läufertsmühle Seminarhaus
Weisbacherstraße 12
D-69437 Neckargerach
Tel 06263/1643
Fax 06263/9491

A J S e.V.
Läufertsmühle
69437 Neckargerach
Fax 06263/9491

Läufertsmühle

Tagungs- und Bildungsstätte

⊢⊣ Übernachtung
☺ Vollwertküche (Lebensmittel aus kontrolliert-biologischem Anbau)
{°{° Seminarprogramm
≈ Forellenzucht
△ Ruhige Lage (Neckarseitental, Odenwald)

AJS e.V.
Arbeitskreis zur Förderung
internationaler Jugend- und Sozialarbeit e.V

Seminarraumgrößen in qm:
1x70, 1x28, 2x25, 1x12
Belegungszahl: 58
Vollwertküche
Eigenes Seminarprogramm: ja
Behindertengerecht: nein
▲

Odenwaldinstitut
Trommstraße 25
D-69483 Wald Michelbach
06207/5071
Seminarraumgröße in qm: 1x40
Belegungszahl: 60
Eigenes Seminarprogramm: ja
Behindertengerecht: bedingt
▲

Thalamus Heilpraktikerschule
Mozartstraße 51
D-70180 Stuttgart
0711/6070337
Seminarraumgrößen in qm:
1x70, 1x35
Lautstärke möglich: nein
Belegungszahl insgesamt: 40
MBZ/Personen: 40
Selbstversorgung
Eigenes Seminarprogramm: ja
Behindertengerecht: nein
▲

Focus e. V
Alexanderstraße 81
D-70182 Stuttgart
0711/245585
Seminarraumgrößen in qm: 1x50

Lautstärke möglich: ja
Belegungszahl insgesamt: 20
DZ: 2
MBZ/Personen: 16
Selbstversorgung
Eigenes Seminarprogramm: ja
Behindertengerecht: nein
▲

Lotos Centrum
Am Weyererkreuz 7
D-65606Villmar
Tel 06482/5486
Fax 06482/5561
Seminarraumgrößen in qm:
1x50
Belegungszahl: 4
Eigenes Seminarprogramm: ja
Behindertengerecht: nein
▲

Tagungshaus Gangloff
Hallerweg 284
D-67827 Becherbach 2
06364/209
Seminarraumgrößen in qm:
2x20
Lautstärke möglich: begrenzt
Belegungszahl insgesamt: 22
DZ: 1 MBZ/Personen: 20
Vollwertkost, vegetarisch,
Selbstversorgung
Eigenes Seminarprogramm: nein
Behindertengerecht: nein
▲

Wildwuchs Instiut
Im Grohenstück 3a
D-65396 Walluf
Tel 06123/72604
Fax 06123/75707
Seminarraumgrößen in qm: 1x25
Lautstärke möglich: ja
Selbstversorgung
Eigenes Seminarprogramm: ja
Behindertengerecht: nein
▲

**Biologische Insel
Seminarzentrum**
Rheintalstraße 35-43
D-68723 Schwetzingen-
Hirschacker
06202/55755
Seminarraumgrößen in qm: 1x100
▲

Haus Birkach
Grüninger Straße 25
D-70599 Stuttgart
Tel 0711/458040
Fax 0711/4580422
Seminarraumgrößen in qm:
1x160, 1x85, 1x80, 1x70, 1x50,
1x40, 1x30, 1x20
Lautstärke möglich: nein
Belegungszahl insgesamt: 97
EZ: 85 DZ: 5
Normale Verpflegung
Eigenes Seminarprogramm: nein
Behindertengerecht: ja
▲

Ort für Licht und Heilung
Carla Haug
Kieselhof 6, D-71540 Murrhardt
Tel 07192/3427 Fax 07192/20357
Seminarraumgrößen in qm:
1x65, 1x55
Lautstärke möglich: ja
EZ: 3 DZ: 3
MBZ/Personen: mehrere
Vollwertkost, vegetarisch
Eigenes Seminarprogramm: nein
Behindertengerecht: nein

Landschaftlich herrlich gelegen im
Schwäbischen Wald liegt der
Kieselhof, Ort für Licht und Hei-
lung; bitte Hausprospekt anfordern!
▲

Das Paki ist ein schönes Seminarhaus im Schwarzwaldwald,
45 Min. westl. von Stuttgart.
Wir bieten eine lebendige
Atmosphäre für Ihr Seminare.
Dafür stehen 3 schöne Gruppenräume, eine große Terasse mit
Garten, vegetar. Küche, Sauna, Wälder, Felder und mögl.
Teilnahme an Meditationen
zur Verfügung. Sie können hier
auch Ferien machen und vieler-
lei Sessions für Heilung und
Harmonie bekommen.

Paki Eschbachhof OMC
Telefon 07054 / 7934

Haus Lutzenberg
D-71566 Althütte/Schwäb. Wald
Tel 07183/41031 Fax 07183/41032
Seminarraumgrößen in qm: 1x50
Lautstärke möglich: nein
Belegungszahl insgesamt: 35
EZ: 5 DZ: 10 MBZ/Personen: 10
Normal, Vollwertkost
Eigenes Seminarprogramm: ja
Behindertengerecht: nein
▲

Zentrum am Turm
Turmstraße 11
D-71665 Vaihingen/Fuz
07142/13253
Seminarraumgrößen in qm: 1x60
Lautstärke möglich: begrenzt
Belegungszahl insgesamt: 15
Eigenes Seminarprogramm: ja
Behindertengerecht: nein
▲

Paki-Eschbachhof
Gruppen-, Tagungs- und
Meditationszentrum/OMC
Eschbach 9
D-72218 Wildberg-Schönbronn
07054/7934
Seminarraumgrößen in qm:
2x80, 1x30
Lautstärke möglich: ja
Belegungszahl: 54
EZ: 4 DZ: 7 MBZ/Personen: 36
Vegetarisch
Eigenes Seminarprogramm: ja
Behindertengerecht: nein
▲

Berghof e. V.
Verein f. Bildung u. Freizeit
Berghofstraße 5
D-72296 Schopfloch
07443/7474
Seminarraumgrößen in qm:
1x40, 1x20, 1x10
Lautstärke möglich ja:
Belegungszahl insgesamt: 36
EZ: 2 DZ: 4 MBZ/Personen: 26
Normal, vegetarisch,
Selbstversorgung
Eigenes Seminarprogramm: nein
Behindertengerecht: ja
▲

WIR-Projekt Tagungshaus
Recksteinstraße 14
D-72393 Gauselfingen
07475/7031-33
Seminarraumgrößen in qm:
2x60, 1x120,
Belegungszahl: 42
Eigenes Seminarprogramm: ja
Behindertengerecht: bedingt
▲

Vokshochschulheim
Inzigkofen
Parkweg 3
D-72514 Inzigkofen
Tel 07571/73980
Fax 07571/7398-33
Seminarraumgrößen in qm:
1x120, 1x60
Lautstärke möglich: ja
Belegungszahl insgesamt: 49

EZ: 28 DZ: 6
Normal Verpflegung
Eigenes Seminarprogramm: ja
Behindertengerecht: neinn
▲

Alb Ergo e.V.
Hauptstraße 36
D-72818 Trochtelfingen
07124/1463
Seminarraumgröße in qm: 1x40
Belegungszahl: 15-20
Eigenes Seminarprogramm: nein
Behindertengerecht: nein
▲

Burg Niederalfingen
Fuggerstraße 12
D-73460 Hüttlingen
07361/71296
Seminarraumgrößen in qm:
1x80, 2x50, 1x20
Lautstärke möglich: nein
Belegungszahl insgesamt: 110
EZ:2 DZ: 3
MBZ/Personen: 4/6/8/12
Normal, vegetarisch
Eigenes Seminarprogramm: nein
Behindertengerecht: nein
▲

Wassermann-Zentrum
Seminarhaus
Hengstberg
D-74417 Gschwend
Tel 07184/92800
Fax 07184/928080

forum
FÜR META-KOMMUNIKATION

Neuro-Linguistisches Programmieren
NLP-Practitioner
- Jahresgruppen in 20 Städten in Deutschland, Österreich, Schweiz
- Kompaktausbildungen

NLP-Master-Practitioner
- Jahresgruppen
- Kompaktausbildungen

NLP-Trainer
- Kompaktausbildungen

Seminare mit R. Dilts, M. Grinder u.a.

und vieles mehr ...
Syntuition, Kinesiologie, Trainer der Erwachsenenbildung, Entwicklungspädagoge, Seminare für die persönliche Entfaltung, ...

bitte fordern Sie unser Gesamtinfo an

Zwinglistr. 5a   Tel.: 030-3925698
D-10555 Berlin   Fax: 030-3915800

Seminarraumgrößen in qm:
1x170, 1x70
Lautstärke möglich: ja
Belegungszahl insgesamt: 40-50
MBZ/Personen: 40-50
Vegetarisch
Eigenes Seminarprogramm: ja
Behindertengerecht: nein

Das Zentrum liegt in herrlicher Alleinlage inmitten der waldreichen Hügellandschaft des Schwäbischen Naturparks. Es umfaßt 6 ha Land mit Wiesen, Obstbäumen, Garten, Wald und einen kleinen Teich.
▲

Selbstversorgerhaus
für Gruppenfreizeiten und Seminare

15,50 DM

Tageslichtprojektor, Projektionstafeln,
Flip-Chart-Tafeln, Audio-Anlage, TV,
Tischtennis, Tischfußball, Billard.

07832/4384

Club 82
Freizeitclub mit Behinderten
Sandhasstraße 2
D-77716 Haslach

Schaufels Fitness-Treff
Rippenberg 6
D- 74523 Schwäbisch Hall
Tel 0791/71727
Fax 0791/89329
Seminarraumgrößen in qm: 1x250
Lautstärke möglich: ja
Normal, Selbstversorgung
Eigenes Seminarprogramm: ja
Behindertengerecht: nein
▲

Osho Vatayan
Heidsteige 7
D-74549 Wolpertshausen
07907/8453
Seminarraumgrößen in qm: 1x35
Lautstärke möglich: ja
Belegungszahl insgesamt: 12
EZ: 2 MBZ/Personen: 10
Vollwertkost, vegetarisch
Eigenes Seminarprogramm: ja
Behindertengerecht: nein
▲

„die Insel"
Zentrum und freie Praxis
Inselstr. 5
D-74626 Bretzfeld-
Unterheimbach
07946/2127
Seminarraumgrößen in qm:
1x70, 1x56
Belegungszahl: 20
Eigenes Seminarprogramm: ja
Behindertengerecht: bedingt
▲

7

Kultur- und Tagungshaus Zwickmühle e.V.

Müllersteige 8
D-74626 Bretzfeld-Rappach
07946/8374
Seminarraumgrößen in qm:
1x90, 1x30
Lautstärke möglich: ja
Belegungszahl insgesamt: 30
MBZ/Personen: 30
Vollwertkost, vegetarisch,
Selbstversorgung
Eigenes Seminarprogramm: nein
Behindertengerecht: ja

Selbstverwaltestes Tagungshaus in denkmalgeschützter Mühle mit eigener Wasserkraftnutzung, Mühlbach mit Kneipp-Becken, Sauna, idyllische Ortsrandlage, Spielwiese, Schafe und Pony, verkehrsgünstig. Hohenlohe/ Heilbronn.

▲

Gästehaus Schloß Hochhausen

Am Schloß
D-74855 Hassmersheim-Hochhau.
06261/893142
Seminarraumgrößen in qm: 1x35
Lautstärke möglich: ja
Belegungszahl insgesamt: 27
EZ: 4 DZ: 7 MBZ/Personen: 9
Normale Verpflegung
Eigenes Seminarprogramm: nein
Behindertengerecht: nein

▲

Werkhof Helmstadt Zentrum f. ganzheitliches Tun

Rabanstraße 24
D-74921Helmstadt
07263/5372
Seminarraumgrößen in qm: 1x100
Eigenes Seminarprogramm: ja
Behindertengerecht: nein

▲

Haus Waldhof-Club 82

Sandhasstraße 2
D-77716 Haslach
Tel 07832/4384
Fax 07832/6485
Seminarraumgrößen in qm: 20-70
Lautstärke möglich: ja
Belegungszahl insgesamt: 30
EZ: 2 DZ: 12 MBZ/Personen: 4
Selbstversorgung
Eigenes Seminarprogramm: nein
Behindertengerecht: ja

Tageslichtprojektor, Flip-Chart-Tafeln, Audio-Anlage, TV, Tischtennis, Billiard, Tischfußball.
Übernachtung DM 15,50.
Ruhige Waldlage.

▲

Etora-Lanzarote

Johanitterhof
D-78052 Obereschach
Tel 07721/63315
Fax 07721/74306
Seminarraumgrößen in qm:
insges. 1.500

Lautstärke möglich: ja
Belegungszahl insgesamt:
über 200
EZ: 50 DZ: 50
Normal, vegetarisch,
Selbstversorgung
Eigenes Seminarprogramm: ja
Behindertengerecht: nein
▲

Hermann Schlenker
Am Hutzelberg 22
D-78126 Königsfeld-Burgberg
Tel 07725/3233
Fax 07725/3235

Seminarraumgrößen in qm:
1x115
Lautstärke möglich: ja
Belegungszahl insgesamt: 66
EZ: 33 DZ: 3
MBZ/Personen: 27
Normal, Vollwertkost, vegetarisch,
Selbstversorgung
Eigenes Seminarprogramm: nein
Behindertengerecht: nein
▲

IMZ-Meditations -Zentrum
Silvanerweg 17
D-78464 Konstanz

7

Tel 07531/53570
Fax 07531/64496
Eigenes Seminarprogramm: ja
▲

**Institution Ganymed
Seminare im Haus
Bergkristall**
Mettenbergstraße 35
D-78532 Tuttlingen-Möhringen
07462/7982
Seminarraumgrößen in qm: 1x25
Eigenes Seminarprogramm: ja
Behindertengerecht: ja
▲

Zentrum für das Leben
Schloß Lichtenegg
D-78736 Epfendorf
Tel 07404/8011
Fax 07404/8013
Seminarraumgrößen in qm:
2x60
Lautstärke möglich: ja
Selbstversorgung
Eigenes Seminarprogramm: ja
Behindertengerecht: nein
▲

Ellcrys Heilpraktikerschule
Fischerau 10
D-79098 Freiburg
Tel 0761/26186
Fax 0761/286807
Seminarraumgrößen in qm: 1x40

Lautstärke möglich: nein
Selbstversorgung
Eigenes Seminarprogramm: ja
Behindertengerecht: nein
▲

**Fabrik für Handwerk, Kultur
und Ökologie e. V.**
Habsburgerstr. 9
D-79104 Freiburg
0761/551499
Seminarraumgrößen in qm:
1x40, 1x25
Belegungszahl: 23
Eigenes Seminarprogramm: ja
Behindertengerecht: nein
▲

Albertus-Magnus-Haus
Zechenweg 2
D-79111 Freiburg
0761/42208
Seminarraumgrößen in qm:
4 Räume zwischen 20 u. 100
Belegungszahl: 34
Eigenes Seminarprogramm: ja
Behindertengerecht: nein
▲

**Kratzbürste Haus für Bildung,
Kultur und Freizeit**
Untere Gasse 22
D-79244 Münstertal
07636/1614
Seminarraumgrößen in qm:
1x60, 1x50, 1x30
Lautstärke möglich: ja

7

Belegungszahl insgesamt: 39
MBZ/Personen: 39
Vollwertkost, vegetarisch,
Selbstversorgung
Eigenes Seminarprogramm: nein
Behindertengerecht: nein
▲

HOTEL LÖWEN - GRESGEN
Tagungen - Seminare - Kreativtreffen

**Kommunikation ist wichtig und
mit dem LÖWEN in GRESGEN
haben Sie einen Ort gefunden,
der ihre Entfaltung fördert !**
Sie tagen inmitten einer idyllischen und ruhigen
Schwarzwald-Landschaft, abseits der Touristik,
umgeben von einem wunderschönen Park. Ihre
Teilnehmer haben eine relativ kurze Anreise und
sind hier auf 740 m Höhe in einer freien und
kreativen Atmosphäre.
Wir sind selbst erfahrene Seminarveranstalter
und berücksichtigen die sensiblen Teilnehmer-
bedürfnisse. Rufen Sie uns an oder faxen Sie
uns bevor Sie buchen, damit wir Ihre individuel-
len Wünsche besprechen können.

HOTEL LÖWEN GRESGEN
Tagungen - Seminare - Kreativtreffen
Betreiber: THINK Gesellschaft für Neue Kommunikationsstrategien
mbH Gabriele Cahill-Brunner, Franz Stowasser, HRB 150 Schönau
**D-79669 Zell-Gresgen 40
Tel: 0762/736, Fax: 07625/217
Zimmerreservierung: 07625/396**

Trupeleshof
Obere Gasse 3
D-79244 Münstertal
07636/462
Seminarraumgrößen in qm:
1x90
Belegungszahl: 14
Eigenes Seminarprogramm: nein
Behindertengerecht: nein
▲

Waldhotel am Notschrei
Freiburgerstraße 56
D-79254 Oberried
Tel 07602/220 o. 218
Fax 07602/751
Seminarraumgrößen in qm:
1x80, 1x57
Lautstärke möglich: ja
Belegungszahl insgesamt:
ca.70
EZ: 6 DZ: 18
MBZ/Personen: ca. 30
Normal, Vollwertkost, vegetarisch
Eigenes Seminarprogramm: nein
Behindertengerecht: ja
▲

**Steinweidehof
Höhengasthaus**
Am Sommerberg 24
D-79263 Simonswald
07683/1052
Seminarraumgröße in qm: 1x 80
Belegungszahl: max. 40
Eigenes Seminarprogramm: ja

7

Extra ruhige Lage. 6 Doppelzimmer im Haus mit Bad/Dusche, WC, Telefon, TV. Vollwert- und Vollkornkost sowie feine gutbürgerliche Küche. Wanderwege direkt ab Haus. Mit Sonnenterrasse und Biergarten.

▲

„Löwen" Gresgen Hotel-Pension THINK GmbH
Gresgen 40
D-79669 Zell-Gresgen
Tel 07625/7636
Fax 07625/217
Seminarraumgrößen in qm:
1x90, 1x50, 1x30
Belegungszahl: 33
Eigenes Seminarprogramm: ja
Behindertengerecht: nein

▲

Haus Sonne
Forstweg 6
D-79677 Aitern-Multen
Tel 07673/7492
Fax 07673/7507
Seminarraumgrößen in qm:
1x25
Lautstärke möglich: ja
Belegungszahl: 17
EZ: 3 DZ: 7
Vollwetkost, vegetarisch
Eigenes Seminarprogramm: ja
Behindertengerecht: nein

▲

**Reinfurth Ilse
Bühlegoris-Hus**
D-79733 Görwihl-Niederwihl
07754/7430
Seminarraumgrößen in qm: 1x45
Lautstärke möglich: ja
Belegungszahl insgesamt: 18
MBZ/Personen: 18
Vollwertkost, vegetarisch,
Selbstversorgung
Eigenes Seminarprogramm: nein
Behindertengerecht: nein

▲

**Gerlinde Glöckner
Seminarhaus**
Sägestraße 37
D-79737 Herrischried
Tel 07764/1026
Fax 07764/6660
Seminarraumgrößen in qm: 1x100
Belegungszahl insgesamt: 30
EZ: 1 DZ: 6 MBZ/Personen: 17
Vegetarisch
Eigenes Seminarprogramm: ja
Behindertengerecht: nein

▲

**Freizeit- u. Schullandheim
Sonnhalde**
Grünwaelder Straße 18
D-79853 Lenzkirch-Kappel
Tel 07653/727
Fax 07653/9531
Lautstärke möglich: nein
Belegungszahl insgesamt: 22
EZ: 3 DZ: 5 MBZ/Personen 9:

Normal, Vollwertkost, vegetarisch,
Selbstversorgung
Eigenes Seminarprogramm: nein
Behindertengerecht: nein
▲

DZ: 1 MBZ/Personen: 22
Vegetarisch, Selbstversorgung
Eigenes Seminarprogramm: nein
Behindertengerecht: nein
▲

Bildungs- u. Freizeithaus
Posthäusle
Köpfeleweg 24
D-79868 Feldberg
Tel 0761/482113
Fax 0761/471538
Seminarraumgrößen in qm:
1x30
Lautstärke möglich: ja
Belegungszahl insgesamt: 24

Open Mind
Blumenstraße 37/Gartenhaus
D-80331 München
Tel 089/263170
Fax 089/26327026
Seminarraumgrößen in qm:
1x35 und Nebenräume
Lautstärke möglich: ja
Selbstversorgung
Eigenes Seminarprogramm: nein
Behindertengerecht: ja
▲

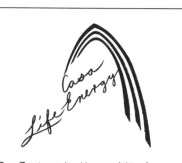

Das Zentrum im Herzen Münchens
für persönliche und professionelle
Weiterentwicklung
... wo Wachstum Atmosphäre hat

CASA LIFE ENERGY
Gabelsbergerstraße 52 Rgb
D-80333 München
Tel 089/5420-777
Fax 089/5420-900

Forum
Beratung und Training
Tal 48
D-80331 München
Tel 089/222991-2
Fax 089/222993
Seminarraumgrößen in qm:
1x45, 1x25
Lautstärke möglich: ja
Selbstversorgung
Eigenes Seminarprogramm: ja
Behindertengerecht: nein

München-City (Isartor), S-Bahn,
öffentliche Parkgarage, Vielzahl
von Restaurants und Hotels. Top-
Räume/Tageslicht (abdunkelbar).
Individuelle Sekretariats-

8

Bewirtungsservice,
Aufenthaltsbereich mit
Teeküche/ Theke.
▲

Casa Life Energy
Gabelsbergerstraße 52, Rgb
D-80333 München
Tel 089/5420777
Fax 089/5420900
Seminarraumgrößen in qm: 1x110
Lautstärke möglich: ja
Eigenes Seminarprogramm: ja
▲

**Praxisgemeinschaft
Mattyasousky-Wiest**
Augustenstraße 46 Rgb.406
D-80333 München
089/522181
Seminarraumgrößen in qm: 1x51
Lautstärke möglich: ja
Eigenes Seminarprogramm: ja
Behindertengerecht: nein
▲

**Elfriede Stiegler
Heilpraktikerin**
Augustenstraße 8
D-80333 München
089/554386
Seminarraumgrößen in qm: 1x34
Lautstärke möglich: nein
Belegungszahl insgesamt: 12
MBZ/Personen: 12
Normal, Vollwertkost, vegetarisch,

Selbstversorgung (außerhalb),
Teeküche vorhanden
Eigenes Seminarprogramm: ja
Behindertengerecht: nein
▲

Laborinth
Fraunhoferstraße 8 Rückgeb.
D-80469 München
089/269285
Seminarraumgrößen in qm:
1x40, 1x35
Lautstärke möglich: begrenzt
2 Teeküchen
Eigenes Seminarprogramm: ja
Behindertengerecht: teilweise
▲

**Werkhaus
human-creative Gemeinschaft
e. V.**
Leonrodstr. 19
D-80634 München 19
089/166102
Seminarraumgrößen in qm:
1x65, 1x50, 1x21
Eigenes Seminarprogramm: ja
Behindertengerecht: bedingt
▲

**In Motion
Praxisgemeinschaft**
Friedrichstraße 20/III
D-80801 München
Tel 089/342201
Fax 089/344213

Seminarraumgrößen in qm: 1x54
Lautstärke möglich: nein
Eigenes Seminarprogramm: nein

Gruppenraum in schönem Ambiente im Herzen Schwabings für Abend- und Wochenendseminare in meditativen Räumen zu vermieten. Gelegenheit: Therapieraum fest zu mieten. Tel 089/342201
▲

A.W. Hasenbergl Kultursaal
Stösserstraße 14-16
D-80933 München 45
089/314000
▲

Tanzstudio Panta Rei
Paul-Gerhard-Allee 10
D-81245 München
089/887384
Seminarraumgrößen in qm:
1x80, 1x50
Lautstärke möglich: ja
Selbstversorgung
Eigenes Seminarprogramm: ja
Behindertengerecht: nein
▲

Öko-Partner-Haus Bauzentrum München
Radlkoferstraße 16
81373 München
089/505130

Seminarraumgrößen in qm:
1xca.70
Lautstärke möglich: nein
Seminar-Service: Vollwertkost,
Eigenes Seminarprogramm: nein
Behindertengerecht: nein
▲

H.D. Trayer-Schauspiel Ferienbelegung
Auerfeldstraße 21
D-81541 München 90
089/4470396 oder
089/2712889
Seminarraumgrößen in qm:
1x118 und Nebenräume
Eigenes Seminarprogramm: ja
Behindertengerecht: ja
▲

Meditationshaus am Ostpark, Fritz Falter und Safar Krohns
Hochriesstraße 3
D-81671 München 80
089/401705
Seminarraumgrößen in qm:
1x14, 1x35
Lautstärke möglich: nein
Belegungszahl insgesamt: 12
Vollwertkost, vegetarisch
Eigenes Seminarprogramm: nein
Behindertengerecht: nein
▲

Haus der Eigenarbeit
Wörthstraße 42 Rgb.
D-81667 München 80
089/4480623
Seminarraumgrößen in qm: 1x40
Eigenes Seminarprogramm: ja
▲

Viva Nova
Kommunikationszentrum
Baumkirchner Straße 19
D-81673 München
Tel 089/405288
Fax 089/6061551
Seminarraumgrößen in qm: 1x50
Vollwertkost, vegetarisch,
Selbstversorgung
Eigenes Seminarprogramm: ja
Behindertengerecht: nein
▲

Frauenkulturhaus
Verein für Frauenkultur
Richard-Strauss-Straße 21
D-81677 München 80
089/4705212
Seminarraumgrößen in qm: 1x100
Eigenes Seminarprogramm: ja
Behindertengerecht: ja
▲

Bildungsstätte des
Bayerischen Bauernverb.
Rieder Straße 70
D-82211 Herrsching am See
Tel 08152/3098

Fax 08152/3688
Seminarraumgrößen in qm:
1x400, 1x100, 1x80, 1x60, 1x40,
1x30
Lautstärke möglich: ja
Belegungszahl insgesamt: 107
EZ: 33 DZ: 37
Normal, Vollwertkost, vegetarisch,
Eigenes Seminarprogramm: ja
Behindertengerecht: ja,
▲

Bewegungsparadies
Margit Wittenbrink
Inninger Straße 1
D-82229 Hechendorf
08152/78841
Seminarraumgrößen in qm:
1x180, 1x90
Zu vermieten: Donnerstags bis
Sonntags und in den Ferien
▲

Haus Freudenberg
Studien- u. Begegnungsstätte
Prinz-Karl-Straße 16
D-82319 Starnberg-Söcking
081571/12379
Seminarraumgrößen in qm: 1x72
Lautstärke möglich: nein
Belegungszahl insgesamt: 33
EZ: 15 DZ: 9
Vollwertkost
Eigenes Seminarprogramm: ja
Behindertengerecht: teilweise
▲

**Haus Buchenried
Heimvolkshochschule der
Münchner VHS**
Assenbucherstraße 45
D-82335 Berg-Leoni
Tel 08151/51074
Fax 08151/55202
Seminarraumgrößen in qm: 1x90
Lautstärke möglich: ja
Belegungszahl insgesamt: 45
EZ: 11 DZ: 17
Vollwertkost
Eigenes Seminarprogramm: ja
Behindertengerecht: ja
▲

Hotel La Villa
Ferdinand. v. Millerstr. 39-41
D-82343 Niederpöcking
Tel 08151/77060
Fax 08151/770699
Seminarraumgrößen in qm:
1x60, 1x90
Lautstärke möglich: ja
Belegungszahl insgesamt: 42
EZ: 14 DZ: 14
Normal, Vollwertkost, vegetarisch,
Eigenes Seminarprogramm: nein
Behindertengerecht: nein
▲

**Kolping Bildungs- u.
Erholungsz. Ohlstadt e. V.**
Heimgartenstr. 8
D-82441 Ohlstadt
Tel 08841/797-05
Fax 08841/797-450

Seminarraumgrößen in qm:
30–160
Lautstärke möglich: nein
Belegungszahl insgesamt: 42
EZ: 5 DZ: 4 MBZ/Personen: 29
Normal, vegetarisch
Eigenes Seminarprogramm: nein
Behindertengerecht: 2 Zimmer
▲

Gruppenraum in Gelting
Leitenstraße 40
82538 Gelting
Info: 08171/20190 oder
08178/5889
Seminarraumgrößen in qm: 1x53
Lautstärke möglich: ja
Behindertengerecht: nein
▲

**BDP-Bildungsstätte
„Pfadfinderheim"**
Bundesstraße 11, Nr. 3
D-82538 Geretsried
Tel 08171/31424
Fax 08171/34281
Seminarraumgrößen in qm: 2x42
Lautstärke möglich: ja
Belegungszahl insgesamt: 30
DZ: 2 MBZ/Personen: 26
Selbstversorgung
Eigenes Seminarprogramm: nein
Behindertengerecht: nein

Wir betreiben unser Haus nach
ökologischen Gesichtspunkten.
Ideal geeignet für Ferienfreizeiten,

8

Klassenfahrten und Seminare. Großes Freigelände mit Lagerfeuerplatz direkt am Haus.

▲

Jugenbild.-Stätte Hochland
Rothmühle
D-82549 Königsdorf
08041/6024
Seminarraumgrößen in qm:
9 Seminarräume 23–153 und
2 Werkräume
Lautstärke möglich: ja
Belegungszahl insgesamt: 90
EZ: 9 DZ: 11
MBZ/Personen: 58
Normal, vegetarisch
Eigenes Seminarprogramm: ja
Behindertengerecht: ja

▲

Kirmeier Therese/Franz
Edlingerstraße 61
D-83071 Stefanskirchen
08036/3416
Seminarraumgrößen in qm: 1x60
Lautstärke möglich: nein
Belegungszahl insgesamt: 35
EZ: 1 DZ: 2
MBZ/Personen: 30
Normal, vegetarisch
Eigenes Seminarprogramm: nein
Behindertengerecht: teilweise

▲

„Blaimhaus"
Dr. Pfeiffer
Hub 2
D-83209 Prien
08051/4816
Seminarraumgrößen in qm: 1x100
Lautstärke möglich: ja
Belegungszahl insgesamt: 16
DZ: 5 MBZ/Personen: 6
Vollwertkost, Vegetarisch,
Eigenes Seminarprogramm: ja
Behindertengerecht: nein

▲

Biologischer Kurhof
Novavita
Gschwall 7
D-83334 Inzell
Tel 08665/1605
Fax 08665/1299
Seminarraumgrößen in qm: 1x50
Lautstärke möglich: ja
Belegungszahl insgesamt: 20
EZ: 2 DZ: 9
Vollwertkost, vegetarisch
Eigenes Seminarprogramm: ja
Behindertengerecht: nein

▲

Haus Astrovita
Gamskogelstraße 19
D-83334 Inzell
Tel 08665/9887-0
Fax 08665/6112
Lautstärke möglich: ja
Belegungszahl insgesamt: 7
EZ: 3 DZ: 4

MBZ/Personen:
Vegetarisch, Selbstversorgung
Eigenes Seminarprogramm: ja
Behindertengerecht: nein
▲

Jonathan Seminar- und Tagungshotel
Kellerstraße 5
D-83339 Chieming-Hart
08669/7907-0
Seminarraumgrößen in qm :
1x165, 1x55
Belegungszahl: 67
Eigenes Seminarprogramm: ja
Behindertengerecht: nein
▲

Die Lichtung
Alte Königseer Str. 61
D-83471 Schönau am Königsee
06852/2382
Seminarraumgrößen in qm: 1x75
Belegungszahl: 20
Eigenes Seminarprogramm: ja
Behindertengerecht: nein
▲

Seminarhaus Mühlberg
Mühlberg 3
D-83547 Babensham
08071/1344
Seminarraumgrößen in qm:
1xca.50

Lautstärke möglich: ja
Belegungszahl insgesamt: 15
DZ: 6 MBZ/Personen: 3
Selbstversorgung
Köchin wird gestellt
Eigenes Seminarprogramm: nein
Behindertengerecht: nein

▲

Seminarraumgrößen in qm: 1x50
Lautstärke möglich: ja
Belegungszahl: 30 EZ: 11
Normale und vegetarische
Verpflegung
Eigenes Seminarprogramm: nein
Behindertengerecht: 2 Zimmer

▲

Landhaus Au im Wald
Inh. Fam. Wirtz
Au im Wald 1
D-83567 Unterreit
Tel 08073/1024
Fax 08073/1026

Ökologische Akademie e.V.
Baiernrainer Weg 17
D-83623 Linden
Tel 08027/1494
Fax 08027/1659

Belegungszahl insgesamt: 50
EZ: 5 DZ: 10
MBZ/Personen: 10
Vegetarisch
Eigenes Seminarprogramm: ja
Behindertengerecht: nein

▲

Zentrum der Begegnung
Säggasse 6
D-83646 Bad Tölz
08041/1581
Seminarraumgröße in qm:
1x80, 1x40

▲

Selfriedswörth 27 - 84189 Wurmsham

Das Seminarhaus

Seminarräume: 170qm & 100qm
Bettenanzahl: 70 Teilnehmer
Wintergarten und Schwitzhütte
Gruppensaune: softfeeling
Einzel- & Doppelzimmer möglich
Eigener Essraum: Seminarleitung
Feine vegetarische Vollwertkost
Liebevolle Atmosphäre

Info: Tel. 08745-811 & Fax -1068

Café Forsthaus
Wackersbergerstraße 15
D-83646 Bad Tölz
08041/41497
Seminarraumgrößen in qm: 1x32
Lautstärke möglich: mit Absprache
Belegungszahl insgesamt: 13,
Unterbringung außerhalb möglich
Normal, Vollwertkost, vegetarisch,
Eigenes Seminarprogramm: nein
Behindertengerecht: nein

▲

**Studienzentrum für evang.
Jugendarbeit**
Aurachstraße 5
D-83727 Josefstal
Tel 08026/7036 Fax 08026/71988
Lautstärke möglich: nein
Belegungszahl insgesamt: 110
EZ: 9 DZ: 17 MBZ/Personen: 67
Normal, vegetarisch,
Eigenes Seminarprogramm: ja
Behindertengerecht: nein

▲

**Jugendwerk St. Georg
Jugendwerk St. Georg e. V.**
Thalhäusler 1
D-83730 Fischbachau
Tel 08066/1707
Fax 08066/8463
Seminarraumgrößen in qm:
1x100, 2x20
Lautstärke möglich: ja
Belegungszahl insgesamt: 46
EZ: 1 DZ: 2 MBZ/Personen:41

Normal, vegetarisch
Eigenes Seminarprogramm: nein
Behindertengerecht: ja
▲

Core Energetik Institut
Grafenhaun 6 1/2
D-84098 Hohentann
08784/1320
Seminarraumgrößen in qm:
1x70, 1x20
Lautstärke möglich: ja
Belegungszahl insgesamt: 25
EZ: 5 DZ: 10
Normal, Vollwertkost
Eigenes Seminarprogramm: ja
Behindertengerecht:nein
▲

Kloster Rosenhügel
Rosenstraße 18
D-84149 Eberspoint/Velden
08742/2348
Seminarraumgrößen in qm: 1x100
Belegungszahl: 20
Programm: nein
Behindertengerecht: nein
▲

Gut eine Stunde von München entfernt liegt das Connection Seminarhaus in einem ruhigen kleinen Dorf, weitab von der Hektik der Stadt. Idyllische Wälder und Wanderwege in unmittelbarer Umgebung laden zu Erholung und Entspannung ein.

Unser Gruppenraum ist 88 qm groß, ausgestattet mit Musikanlage, Matrazen und Fußbodenheizung. Unterbringung in diesem Raum oder im nahegelegenen Gasthof in Einzel- und Doppelzimmern.

Unsere Spezialität ist die excellente Küche mit vegetarischer Kost aus reinen Naturprodukten. Die hauseigene Sauna steht zur Verfügung. Ein eigenes Seminarprogramm ist vorhanden.

Das connection Seminarhaus

Das
Connection
Seminarhaus

Preise und nähere Informationen bei:
Connection Seminare
Hauptstraße 5 • 84494 Niedertaufkirchen
Tel: 08639-6009-51 • Fax: 08639-1219
Mo - Fr 10.00 - 13.00 und 16.00 - 18.00 Uhr

Mandala e. V.
Seminarzentrum
Seifriedswörth 27
D-84189 Wurmsham
Tel 08745/811
Fax 08745/1068
Seminarraumgrößen in qm:
1x170, 1x100
Lautstärke möglich: ja
Belegungszahl insgesamt: 70
DZ: 9 MBZ/Personen: 52
Vollwertkost, vegetarisch
Eigenes Seminarprogramm: nein
Behindertengerecht: nein
▲

Seminarhaus Gutlersberg
Gutlersberg 77
D-84359 Simbach
08574/1252
Seminarraumgrößen in qm: 1x40
Lautstärke möglich:
nach Absprache
Belegungszahl insgesamt: 12
EZ: 2 MBZ/Personen: 8
Normale Verpflegung, Vollwertkost
Eigenes Seminarprogramm: ja
Behindertengerecht: nein
▲

Haus Sudetenland
Keplerweg 2
D-84465 Waldkraiburg
Tel 08638/3376
Fax 08638/84798
Lautstärke möglich: ja
Belegungszahl insgesamt: 129

EZ: 1 DZ: 13 MBZ/Personen: 72
Normal, vegetarisch
Eigenes Seminarprogramm: nein
behindertgerecht: ja

2 Säle mit je 1oo qm
2 Seminarräume mit je 50 Plätzen
2 Seminarräume mit je 20 Plätzen
alle Medien
Mithilfe bei der Organisation.
▲

Connection-Haus
Hauptstraße 5
D-84494 Niedertaufkirchen
Tel 08639/6009-51
Fax 08639/1219
Seminarraumgröße in qm: 1x88
Lautstärke möglich: Ja
Belegungszahl: außerhalb
oder Matratzen im Gruppenraum
Vegetarisch
Eigenes Seminarprogramm: ja
Behindertengerecht: nein
▲

Hof Birach
Seminarhaus
Birach 1
D-84494 Niederbergkirchen
08637/7397
Seminarraumgrößen in qm:
1x150, 1x70
Lautstärke möglich: ja
Belegungszahl insgesamt: 19
EZ: 3 DZ: 2 MBZ/Personen: 12
Normal, Vollwertkost, vegetarisch,

Selbstversorgung
Eigenes Seminarprogramm: nein
Behindertengerecht: nein

Alleinlage am Wald; Tanz, Theater,
Musik, Kampfkünste, professionel-
le Körperarbeit; Aikidomatten,
Übungsräume mit Schwingboden
▲

Gut Haushalt
D-84494 St. Veit/Obb.
Tel 08639/5739
Fax 08639/5320
Seminarraumgrößen in qm:
1x80, 1x120, 1x200
Lautstärke möglich: ja
Belegungszahl insgesamt: 110
DZ: 10 MBZ/Personen: 90
Vegetarisch
Eigenes Seminarprogramm: nein
Behindertengerecht nein:
▲

Erdkinder-Projekt
Seminarhaus
(ehem. Seminarhaus
ColoMan)
Eberharting 1
D-844494 Lohkirchen
Tel/Fax 08637/7439
Seminarraumgrößen in qm:
1x100, 1x90
Lautstärke möglich: ja
Belegungszahl insgesamt: 48
vegetarisch
Selbstversorgung möglich

Eigenes Seminarprogramm: nein
Behindertengerecht: nein
▲

Kath. Landvolkshochschule
Haus Petersberg
D-85253 Erdweg
08138/1288
Seminarraumgrößen in qm:
20–200
Lautstärke möglich: nein
Belegungszahl insgesamt: 90
EZ: 19 DZ: 31 MBZ/Personen: 9
Normal, Vollwertkost
Eigenes Seminarprogramm: ja
Behindertengerecht: nein
▲

Meditations- und
Therapiezentrum
Asternweg 4
D-86156 Augsburg
0821/461367
Seminarraumgrößen in qm: 1x32
Belegungszahl: 14
Eigenes Seminarprogramm: ja
Behindertengerecht: nein
▲

Seminar für
Führungskräfte GmbH
Prinz-Ludwigstraße 23
D-86911 Diessen
Tel 08807/9920
Fax 08807/8939
Seminarraumgrößen in qm:

2x100, 1x40
Belegungszahl insgesamt: 112
EZ: 61 DZ: 12 MBZ/Personen: 27
Normal, vegetarisch
Eigenes Seminarprogramm: ja
Behindertengerecht: nein

▲

**Jugendbildungsstätte
Hindelang**
Jochstraße 50
D-87539 Hindelang
Tel 08324/9301-0
Fax 08324/9301-11
Belegungszahl insgesamt: 100
Vollwertkost, vegetarisch,
Selbstversorgung
Eigenes Seminarprogramm: ja
Behindertengerecht: teilweise

▲

**Buddha-Haus Meditations-
und Studienzentrum e. V.**
Uttenbühl 5
D-87466 Oy-Mittelberg 3
08376/502
Seminarraumgröße: 1x40
Belegungszahl: 32
Eigenes Seminarprogramm: ja
Behindertengerecht: nein

▲

**Berghotel
Almagmach**
Steigbachtal 13
D-87509 Immenstadt
08323/7001

Seminarraumgrößen in qm:
1x20, 1x70, 1x120
Belegungszahl: 55
Eigenes Seminarprogramm: nein
Behindertengerecht: nein

▲

Ferienhotel Chesa Valisa
Gerberweg 18
D-87568 Hirschegg
Tel 08329/5414
Fax 08329/5108
Seminarraumgrößen in qm:
1x80
Lautstärke möglich: ja
Belegungszahl insgesamt: 97
EZ: 7 DZ: 20 MBZ/Personen: 50
Normal, Vollwertkost, vegetarisch,
Eigenes Seminarprogramm: ja
Behindertengerecht: nein

▲

**Ludwig Lipp
Relax-Center**
Zitronengässele 4
D-88131 Lindau
Tel 08382/6208
Fax 08382/23424
Seminarraumgrößen in qm:
trennbar in 2 Räume 70 qm
Lautstärke möglich: ja
Selbstversorgung
Eigenes Seminarprogramm: ja
Behindertengerecht: nein

▲

**Internat. Kulturzentrum
Achberg e. V.
Humboldt-Haus**
D-88147 Achberg-Esseratsweiler
08380/335
Seminarraumgrößen in qm:
1x110, 1x35, 1x25
Belegungszahl: 42
Eigenes Seminarprogramm: ja
Behindertengerecht: nein

▲

**Christliches Zen-Zentrum
Zenhof/Eintürnen**
D-88410 Bad Wurzach
07527/6687
Seminarraumgrößen in qm: 2x90
Belegungszahl: 22
Eigenes Seminarprogramm: ja
Behindertengerecht: nein

▲

Alb-Garten
Lange Straße 25
D-89601 Schelklingen
07394/686
Seminarraumgrößen in qm: 1x120
Lautstärke möglich: nein
Belegungszahl insgesamt: 40
EZ: 1 DZ: 4
Normal, vegetarisch,
Selbstversorgung
Eigenes Seminarprogramm: nein
Behindertengerecht: nein

▲

Olaf-Ritzmann-Kollektiv
Regensburgerstraße 412
D-90480 Nürnberg
0911/406652
Seminarraumgrößen in qm: 1x80
Belegungszahl: 30
Eigenes Seminarprogramm: nein
Behindertengerecht: ja

▲

**Evang. Jugendtagungsstätte
Hermann Ehlers Haus**
Lochmannshof 1
D-90518 Altdorf
Seminarraumgrößen in qm: 12-60
Lautstärke möglich: nein
Belegungszahl insgesamt: 72
EZ: 3 DZ: 22 MBZ/Personen: 6
Normale Verpflegung
Eigenes Seminarprogramm: nein
Behindertengerecht: nein

▲

**Tagungshaus
„Grüner Schwan"**
Eschenbachstraße 25
D-91224 Pommelsbrunn bei
Hersbruck
09154/8594
Seminarraumgrößen in qm:
1x45, 1x28
Belegungszahl: 35
Eigenes Seminarprogramm: ja
Behindertengerecht: bedingt

▲

**Burg Hoheneck
Jugendbildungsstätte**
D-91472 Insheim
Tel 09846/1211 oder 1212
Fax 09846/1568
Seminarraumgrößen in qm:
8 Seminarräume, 12-180
Lautstärke möglich: ja
Normale Verpflegung, Vollwertkost,
vegetarisch, Selbstversorgung
Eigenes Seminarprogramm: ja
Behindertengerecht: nein

▲

**Exerzitien- u. Bildungshaus
Schloß Hirschberg**
Postfach 1108
D-92335 Beilngries/Obb.
Tel 08461/7277
Fax 08461/7854
Seminarraumgrößen in qm:
1x30, 1x40, 1x50, 1x70, 1x90
Lautstärke möglich: nein
Belegungszahl insgesamt: 137
EZ: 27 DZ: 55
Normale Verpflegung
Eigenes Seminarprogramm: ja
Behindertengerecht: ja

▲

Fortbildungszentrum Laborn
Puricellistraße 34
D-93049 Regensburg
Tel 0941/25010
Fax 0941/28670
Seminarraumgrößen in qm:
1x85, 1x15

Lautstärke möglich: ja
Belegungszahl insgesamt:
Übernachtung im Gruppenraum
Selbstversorgung
Eigenes Seminarprogramm: ja
Behindertengerecht: ja

▲

**Veranstaltungsservice
Michael Bassing**
Blumenstraße 18
D-93055 Regensburg
Tel 0941/794009
Fax 0941/794008
Seminarraumgrößen in qm:
1x300, 1x100, 1x90
Lautstärke möglich: ja
Selbstversorgung
Eigenes Seminarprogramm: nein
Behindertengerecht: ja

▲

Tagungshaus Palaver
Bahnhofstraße 14
D-93077 Bad Abbach
0941/791593
Seminarraumgrößen in qm:
1x100, 2x25
Lautstärke möglich bedingt:
Belegungszahl insgesamt: 53
EZ: 7 DZ: 8 MBZ/Personen: 30
Normal, Vollwertkost, vegetarisch,
Selbstversorgung
Eigenes Seminarprogramm: nein
Behindertengerecht: ja

▲

9

**Tagungshaus
Hammer-Schloß**
Schloßweg 1
D-93183 Traidendorf/Kallmünz
09473/1042
Seminarraumgrößen in qm:
1x60, 1x40, 1x25
Lautstärke möglich: ja
Belegungszahl insgesamt: 45
EZ: 45
Normal, Vollwertkost, vegetarisch,
Eigenes Seminarprogramm: nein
Behindertengerecht: nein
▲

**Jugendbildungsstätte der
KAB & CAJ e. V.**
Schloßhof 1
D-93449 Waldmünchen
Tel 09972/244
Fax 09972/3333
Seminarraumgrößen in qm:
versch. Größen
Lautstärke möglich:
Belegungszahl insgesamt: 155
EZ: 8 DZ: 28 MBZ/Personen: 91
Normal, Vollwertkost, vegetarisch,
Selbstversorgung
Eigenes Seminarprogramm: nach
Wunsch
Behindertengerecht: ja
▲

Frauenferienhaus Tiefenbach
Hammer 22
D-93464 Tiefenbach
09673/499

Seminarraumgrößen in qm: 1x45
Lautstärke möglich: ja
Belegungszahl insgesamt: 25
EZ: 1 DZ: 4 MBZ/Personen: 16
Vollwertkost, vegetarisch,
Selbstversorgung
Eigenes Seminarprogramm: ja
Behindertengerecht: nein
▲

**Seminarhaus Pranz
Reinhard Kordatzki**
Pranz 4
D-94166 Stubenberg
08536/580
Seminarraumgrößen in qm: 1x42
Lautstärke möglich: ja
Belegungszahl insgesamt: 16
EZ: 1 MBZ/Personen: 15
Normal, vegetarisch
Eigenes Seminarprogramm: nein
Behindertengerecht: nein
▲

Seminarhaus Attenhausen
Attenhausen 1
D-94405 Landau/Isar
09951/1500
Seminarraumgrößen in qm: 1x120
Lautstärke möglich: ja
Belegungszahl insgesamt: 30
Normal, Vollwertkost, vegetarisch,
Eigenes Seminarprogramm: nein
Behindertengerecht: nein
▲

Aryatara Institut e. V.
Holzhamer Straße 5
D-94424 Arnstorf
Tel 08723/2396
Fax 08723/3768
Seminarraumgrößen in qm: 1x90
Lautstärke möglich: ja
Belegungszahl insgesamt: 30
EZ: 3 DZ: 1 MBZ/Personen: 25
Vegetarisch
Eigenes Seminarprogramm: ja
Behindertengerecht: nein

▲

Tagungshaus Villa Breitenberg
Pausenweg 21
D-94139 Breitenberg
Seminarraumgrößen in qm:
1x60, 1x55, 1x35
Lautstärke möglich: ja
Belegungszahl insgesamt: 50
EZ: 1 DZ: 12 MBZ/Personen: 25
Normale Verpflegung
Eigenes Seminarprogramm: ja
Behindertengerecht: nein

▲

Zenter Seminarhaus Enzerweis
Enzerweiß 21
D-94428 Eichendorf
09952/1750
Seminarraumgrößen in qm: 1x70
Belegungszahl: 15
Eigenes Seminarprogramm: nein
Behindertengerecht: ja

▲

Haus Silberbach
Silberbach
D-95100 Selb
Tel 09287/6566
Fax 09287/60616
Seminarraumgrößen in qm: 1x50
Lautstärke möglich: nein
Belegungszahl Insgesamt: 24
Normale Verpflegung
Eigenes Seminarprogramm: nein
Behindertengerecht: ja

▲

Böcks Scheune
Lehental 54
D-95326 Kulmbach
09221/81431

Böcks Scheune ist ein Selbstversorgerhaus für junge und junggebliebene Gäste bis max. 29 Personen. Gut geeignet für Klassenfahrten, Kindergruppen, Großfamilien, Seminare. Infos/Anm.: s. oben

▲

Schloß Wasmuthhausen Seminarzentrum
D-96126 Wasmuthhausen
09567/208
Seminarraumgrößen in qm:
1x71, 1x38
Lautstärke möglich: ja
Belegungszahl insgesamt: 29
EZ: 9 DZ: 7 MBZ/Personen: 6

9

Vollwertkost, vegetarisch
Eigenes Seminarprogramm: nein
Behindertengerecht: ja
▲

Frauenseminarhaus Tara
Bergstraße 3
D-96181 Koppenwind
09554/481
Seminarraumgrößen in qm:
1x35, 1x25
Lautstärke möglich: ja
Vollwertkost, vegetarisch,
Selbstversorgung
Eigenes Seminarprogramm: ja
Behindertengerecht: nein
▲

**Therapiezentrum Mitte
Osho Encounter Institut**
Burghäuserstraße 12
D-96260 Arnstein-Altbessingen
09728/633
▲

Martha Meutes Tagungshaus
Winterbachweg 2
D-96269 Gossenberg
09569/1322
Normal, Vollwertkost
Eigenes Seminarprogramm: ja
▲

Kongreßhaus Rosengarten
Berliner Platz 1
D-96450 Coburg
Tel 09561/7418-51
Fax 09561/7418-67
Seminarraumgrößen in qm:
30–660
Behindertengerecht:ja

11 Tagungsräume von 10 bis 1100
Personen. 16 variable Raumkombi-
nationen, modernste Konferenz-
technik, professioneller Veranstaltungsservice, leistungsfähige
Gastronomie.
▲

**Zentrum f. Meditation,
Körperarbeit und
Therapie**
Dettelbachergasse 1
D-97070 Würzburg
0931/57910
Seminarraumgrößen in qm: 1x33
Lautstärke möglich: begrenzt
Belegungszahl insgesamt: 14
MBZ/Personen: 14
Selbstversorgung
Eigenes Seminarprogramm: ja
Behindertengerecht: nein
▲

**Haus für Gesundheit
und Selbstverwirklichung**
Luitpoldquelle 10
D-97080 Würzburg-Oberdürrbach
Tel 0931/92550
Fax0931/ 98371

Seminarraumgrößen in qm: 1x50
Lautstärke möglich: ja
Eigenes Seminarprogramm: ja
Behindertengerecht: nein

▲

AWO-Bildungsstätte
Markbreit
Obernbreiter Str. 27
D-97340 Marktbreit/Main
09332/1428
Eigenes Seminarprogramm: nein

▲

Johanna-Kirchner-
Bildungsstätte
Obernbreiter Str. 27
D-97338 Marktbreit
09332/1297
ab 1.7.94 09332/8297 und
09332/4426
Seminarraumgrößen in qm: 2x50
Lautstärke möglich: ja
Belegungszahl insgesamt: 50
EZ: 6 DZ: 22
Normal, vegetarisch
Eigenes Seminarprogramm: ja
Behindertengerecht: ja

▲

Erwachsenenbildungsstätte
Klaus von Flue
Schweinfurter Str 36
D-97359 Schwarzach am Main
Tel 09324/710
Fax 09324/4426

Seminarraumgrößen in qm:
zwischen 47-150
Lautstärke möglich: nein
Belegungszahl insgesamt: 78
EZ: 27 DZ: 24
Normale Verpflegung
Eigenes Seminarprogramm: ja
Behindertengerecht: ja

▲

Sambachshof
Heimvolkshochschule
D-97631 Bad Königshofen
Tel 09761/771
Fax 09761/6147
Lautstärke möglich: nein
Belegungszahl insgesamt: 87
MBZ/Personen: 87
Normal, Vollwertkost
Eigenes Seminarprogramm: ja
Behindertengerecht: nein

▲

Christliche Gästehäuser
Missionarisches Zentrum
D-97653 Bischofsheim/Rhön
09772/248
Seminarraumgrößen in qm:
mehrere
Belegungszahl: 50 und 70
Eigenes Seminarprogramm: ja
Behindertengerecht: nein

▲

9

**Gästehaus Harmonie
Bio-Pension m. Vollwertkost**
D-97723 Oberthulba
09736/503
Seminarraumgrößen in qm:
25–125
Lautstärke möglich: ja
Belegungszahl insgesamt: 18
EZ: 3 DZ: 6 MBZ/Personen: 3
Vollwertkost, vegetarisch
Eigenes Seminarprogramm: auf
Anfrage
Behindertengerecht: nein
▲

**AWO-Bildungsstätte
Sippachsmühle**
Schwärzelbach
D-97797 Wartmannsroth
0931/13014
Eigenes Seminarprogramm: nein
▲

**Burg Rothenfels
Heimvolksschule**
D-97851 Rothenfels am Main
09393/1015
▲

**Musikalische Bildungsstätte
Schloß Weikersheim**
D-97990 Weikersheim
Tel 07934/7051
Fax 07934/7053
Seminarraumgrößen in qm:
25-200
Lautstärke möglich: nein
Belegungszahl insgesamt:187
DZ: 22 MBZ/Personen: 143
Normal, vegetarisch
Eigenes Seminarprogramm: nein
Behindertengerecht: ja
▲

**Ev. Gemeindezentrum
Thomas Müntzer**
Am Bäckerberg 1
D-99510 Kapellendorf
036425/352
Seminarraumgrößen in qm: 1x45
Lautstärke möglich: ja
Belegungszahl insgesamt: 24
DZ: 3 MBZ/Personen: 18
Selbstversorgung
Eigenes Seminarprogramm: nein
Behindertengerecht: teilweise
▲

Seminarhäuser

Europa

Dänemark

Møn Institut
Kullegårdsvej 28
DK-4780 Stege
0045/55/813136
Seminarraumgrößen in qm: 1x60
Belegungszahl: 19
EZ: 5 DZ:7
Lautstärke möglich: ja
Fleischlose Vollwertkost,
Selbstversorgung
Eigenes Seminarprogramm: ja
Behindertengerecht: nein
▲

Espelund Wachstumscenter
Hønsehave 6
DK-5771 Stenstrup
0045/62262513
Seminarraumgrößen in qm: 1x60
Lautstärke möglich: ja
Belegungszahl insgesamt: 22
EZ: 1 DZ: 4 MBZ/Personen: 13
Vegetarisch, Selbstversorgung
Eigenes Seminarprogramm: ja
Behindertengerecht: nein
▲

**Jugendhof Knivsberg,
Jugend- und
Erwachsenenbildungsstätte**
Haderslevvej 484
Genner
DK-6230 Rødekro
Tel 0045/74698820
Fax 0045/74698424
Lautstärke möglich: nicht immer
Belegungszahl insgesamt: 149
DZ: 30 MBZ/Personen: 89
Normal, vegetarisch
Eigenes Seminarprogramm: ja
Behindertengerecht: teilweise
▲

Frankreich

Chateau de Caulet
F-11240 Mazerolles du Razés
0033/68/690129
▲

Le Relais
Barbara & Kevin Hubbard
F-16390 Pillac/Frankreich
Tel 045986104
Fax 045989203
Seminarraumgrößen in qm: 1x36
Lautstärke möglich: ja
Belegungszahl insgesamt: 22
EZ: 1 DZ: 8 MBZ/Personen: 1x3
Normal, Vegetarisch
Eigenes Seminarprogramm: nein
Behindertengerecht: nein
▲

Les Préaux
Corinna Schaak
F-27120 St. Aquilin de Pacy
Tel 0033/32367808
Fax 0033/32367869
Seminarraumgrößen in qm: 1x60
Lautstärke möglich: ja
Belegungszahl insgesamt: 15
MBZ/Personen: 15
Selbstversorgung
Eigenes Seminarprogramm: nein
Behindertengerecht: nein

Für 15 Personen: Altes Gutshaus in
der Normandie (Paris und Meer je
80 km). Seminarräume in Bibliothek

Hotel and Course Centre

Am Rand eines idyllischen Dorfes in der
Süd-Charente haben wir ein Zentrum ge-
schaffen, ideal für Therapeuten, welche
eine geschützte, entspannte Atmosphäre für Seminare suchen. 11 Zimmer,
Belegungszahl 24, 2 Kursräume, großer,
schattiger Garten, Schwimmbad.
Unterkunft für Kursleiter gratis.

"Le Relais", Barbara & Kevin Hubbard
16390 Pillac/Frankreich
Tel. (33) 45986104 Fax. (33) 45989203

Frankreich

und Salon mit Kamin. Garten,
Volley, Tischtennis, Fahrräder.
Ausflüge: Paris, Rouen, Monet-
Haus, Abteien, Schlösser, Tag
DM 25,–

▲

Laiterie de Brenas
Atelier musique-theatre
Mas Pandit
F-34650 Lunas
0033/67/953583
Seminarraumgrößen in qm:
1x175, 1x150, 1x75, 2x50
Belegungszahl: 70
Eigenes Seminarprogramm: ja
Behindertengerecht: nein

▲

Centre Yoga et Créativité
Chemin de la Coume del Mas
F-66650 Banyuls sur mer
0033/68883344
Seminarraumgrößen in qm: 1x50
Lautstärke möglich: ja
Belegungszahl insgesamt: 17
EZ: 3 DZ: 7
Vegetarisch, Selbstversorgung
Eigenes Seminarprogramm: ja
Behindertengerecht: nein

▲

Maison Ganesh
Seminar- und Ferienhaus
F-67140 Le Hohwald/Elsaß
0033/88083457

Seminarraumgrößen in qm:
1x60, 1x50
Lautstärke möglich: nein
Belegungszahl insgesamt: 15
Vollwertkost, vegetarisch
Eigenes Seminarprogramm: ja
Behindertengerecht: nein

▲

Pointe Verte
169 Banimpré
F-67420 Saulxures
0033/88976947
Seminarraumgrößen in qm: 1x40
Lautstärke möglich: ja
Belegungszahl insgesamt: 17
EZ: 1 DZ: 1 MBZ/Personen: 14
vegetarisch, Selbstversorgung
Eigenes Seminarprogramm: nein
Behindertengerecht: nein

▲

Claire-Fontaine
Basses-Huttes
F-68370 Orbey
0033/89712803
Seminarraumgrößen in qm:
1x40, 1x30
Lautstärke möglich: ja
Belegungszahl insgesamt: 19
Selbstversorgung
Eigenes Seminarprogramm: nein
Behindertengerecht: nein

▲

Schloss Grammont

F-70110 Villersexel
Info: Beat Dutli
Sonnenweg 26
CH-4052 Basel
Tel 0041/61/3113854 Fax 0041/61/
3116792
Seminarraumgrößen in qm:
1x200, 1x100, 1x40
Lautstärke möglich: ja
Belegungszahl insgesamt: 70
Eigenes Seminarprogramm: ja
Behindertengerecht: nein
▲

Chateau de Montramé

Soisy-Bouy
F-77650 Longeville/France
Tel 0033/1/64602088
Fax 0033/1/64602088/91
Seminarraumgrößen in qm:
1x100, 1x80, 1x60
Lautstärke möglich: ja
Belegungszahl insgesamt: ca. 30
EZ: 3 DZ: 4 MBZ/Personen: ca. 20
Instinktive Rohkost
Eigenes Seminarprogramm: ja
Behindertengerecht: nein

SCHLOSS GRAMMONT

Villersexel, France

Eineinhalb Stunden ab Basel und Freiburg im Breisgau in Richtung Paris liegt das Schloß am Rande des kleinen französischen Städtchens Villersexel in einem 30 ha großen Schloßareal mit Wald, Wiesen und Flüßchen.

* Einzel-, Doppel- oder Mehrbettzimmer mit Bad oder Etagenduschraum
* Belegungszahl bis 70, mit Zimmer in Dorfhotels + 50 möglich
* Bar, Salon, Leihbibliothek, Sonnenterrasse
* Schwimmbad in sonniger Lage, Schloßareal 30 ha
* 3 Gruppenräume (200qm, 100qm, 40qm), Schulungszimmer
* vorzügliche vegetarische Küche, auf Wunsch Grill/Fisch
* Freizeit: Reiten, Kanu- und Velofahren, Wandern, Fischen, Golf, Tennis

Jahresprogramm, Ferienprospekt, Gruppenreservation:
Beat Dutli, Sonnenweg 26, CH-4052 Basel, Tel 0041/61/3113854 Fax /3116792

Frankreich

Institut für Genetische Anthropologie nähe Paris. Institut, Kulturzentrum, Internationales Seminarhaus. Ganzjährig Kurse und Seminare. „Instinctotherapie" mit G.C. Burger. Einmalige Auswahl hochwertigster Rohkost.

▲

Domdey Angi
La Plaine
F-84750 Viens
0033/90752526
Seminarraumgrößen in qm: 1x60
Lautstärke möglich: ja
Belegungszahl insgesamt: 20:
Normal, vegetarisch, Selbstvers.
Eigenes Seminarprogramm: ja
Behindertengerecht: nein

▲

La Vision
Benifosse-Chestiot
F-88650 Mandray
Tel 29509638 Fax 29519171
Info: Deutschland:
Ingrid Huppert, Rosmannstraße 10,
D-79206 Breisach
Tel 07667/80259 Fax 07667/6976
Seminarraumgrößen in qm:
1x54, 1x45
Belegungszahl: 29
Eigenes Seminarprogramm: ja
Behindertengerecht: nein

▲

La Vision ist ein altes, modern aufgebautes ehemaliges Bauernhaus. Es liegt auf einer herrlichen Lichtung in einem **Naturpark** der Vogesen.
Sein Inneres umfaßt:
Seminarraum 54 qm, 29 Betten in 8 Zimmern,
2 Bäder, Aufenthaltsraum mit offenem Kamin.

Auf dem 5000 qm großen Gelände befindet sich ein Sechseck-Pavillon mit 45 qm als weiterer Seminarraum, eine große Erdsauna, Schwimmbecken und ein Sportplatz für Tennis, Volleyball etc.
In der näheren Umgebung gibt es Ski- Reit- und Bademöglichkeiten. Ferien und Feste für Familien und Einzelgäste sind auch möglich.
Unser Programm umfaßt u. a.:
Interkulturelle Begegnungen, Körper- Selbst- und Naturerfahrung, Fasten, Ski und Selbst erfahrung, Musikworkshops, Männer-Frauenprojekte.
45 Min. von Colmar – 90 Min. von Freiburg
Informationen: Ingrid Huppert, Horst Schwaiger-Huppert, Benifosse-Chestiot, F-88650 Mandray, Tel 0033/29509638 Fax 0033/29519171
auch: Ingrid Huppert, Rosmannstr. 10, D-79206 Breisach, Tel 07667/80259 Fax 07667/6976

Le Grande Chaudeau
F-Belfort
Info: André Baer
Habsburgerstraße 34
CH-6003 Luzern
Seminarraumgrößen in qm:
1x180, 1x65, 1x45
Belegungszahl: 40
Eigenes Seminarprogramm: nein
Behindertengerecht: nein
▲

Cabalus
„Ein Haus aus
einer anderen Zeit"
Rue Saint-Pierre
F-89450 Vezelay
086/332066
Seminarraumgrößen in qm:1x95,
3x25-30
Belegungszahl: 65
Eigenes Seminarprogramm: ja
Behindertengerecht: nein
▲

Griechenland

Ouranos-Club,
Ferien- und
Meditationszentrum
GR-Agios-Stefanos/Korfu
Info und Anmeldung:
TIT-Trans Inside Travel
Pf 1631
D-83506 Wasserburg
Tel 08071/2781
Fax 08071/5824
Seminarraumgrößen in qm:
1x100, 1x78, 1x48
Lautstärke möglich: ja
Belegungszahl insgesamt: 100
MBZ/Personen: 100
vegetarisch, Selbstversorgung
Eigenes Seminarprogramm: ja
Behindertengerecht: nein

Zwei Ferien- und Meditations-
zentren an zwei der schönsten
Strände Korfus. Für Individualgäste
und Seminarteilnehmer mit oder
ohne perm. kostenlose Organisation, Werbung und Service durch ein
eingespieltes Team in Deutschland
und vor Ort.

▲

Santorini Licht Project
Megalochorion 225
GR-84700 Santorini/Greece
Info 02161/41390
Seminarraumgrößen in qm: 1x140
Lautstärke möglich: ja
Belegungszahl insgesamt: 42

EZ: 2 MBZ/Personen: 40
Griechisches Essen
Eigenes Seminarprogramm: ja
Behindertengerecht: nein
▲

**Alexis Zorbas
Zentrum Corfu**
GR-49081 Arillas
0030/663/51421
Info: Zorbas Travel
Rumfordstraße 21
D-80469 München
Tel 089/29160680
Fax 089/29160754
Seminarraumgrößen in qm:
1x80, 1x50
Lautstärke möglich: ja
Belegungszahl insgesamt: 80
EZ: 20 DZ: 30
Vegetarisch
Eigenes Seminarprogramm: ja
Behindertengerecht: nein
▲

**Kallirroi
Kuduna-Ortmann**
Anast. Georgakopulustraße 71
Ano Polis-Kyparissia
GR-Messinas-Pelopones
Info Deutschland:
Kallirroi K. Ortmann
089/3003623.
▲

Hotel Nikitas
Hans Vater
Nea Roda/Chalkidiki
Info: Deutschland: Hans Vater, Am
Berlingerbach, 06591/7801
Seminarraumgrößen in qm:
1x60
Lautstärke möglich: ja
Belegungszahl insgesamt: 35
Normale Verpflegung
Eigenes Seminarprogramm: nein
Behindertengerecht: teilweise
▲

Holland

Die Elfenbank ,Inst. f. pers. Entwichlung
Gerbrandtslaan 19
NL-1871 AP Schoorl
0031/2209/4542
Seminarraumgrößen in qm: 1x35
Lautstärke möglich: ja
Belegungszahl insgesamt: 10
DZ: 1 MBZ/Personen: 8
Normal, Selbstversorgung
Eigenes Seminarprogramm: ja
Behindertengerecht: nein
▲

Centrum Dost-Raven
Oostravenwen 5
NL-8162 PJ EPE/Holland
0031/578021164
Seminarraumgrößen in qm:
2x100, 1x60
Lautstärke möglich:ja
Belegungszahl insgesamt: 187
DZ: 17 MBZ/Personen: 153
Vollwertkost, Vegetarisch
Eigenes Seminarprogramm: ja
Behindertengerecht: nein
▲

Schips dune Terschelling
Oosterend 6
NL-Oosterend Terschelling
0031/221/522909/514893
Seminarraumgrößen in qm:
1x45, 1x22, 1x35
Lautstärke möglich: nein
Belegungszahl insgesamt: 18
EZ: 1 DZ: 6
Normale Verpflegung,
Selbstversorgung
Eigenes Seminarprogramm: nein
Behindertengerecht: ja
▲

Insel Gozo

Das individ. Reisebüro + "TIZ"
Gudrun Paske-Häfner
Kreuzeckweg 6
D-82216 Maisach-Gernlinden
Tel 08142/12276
Fax 08142/3284
Seminarraumgröße in qm: 1x60
Belegungszahl: 10-20
exclusive Landhäuser 10/6/4 Pers.
Selbstversorgung

▲

Bewußter reisen ...

Gudrun Paske-Häfner
Das individuelle Reisebüro
+ "TIZ"
Kreuzweg 6
D-82216 Maisach-Gernlinden
Tel: 08142/12276 Fax: 08142/3284

Insel Gozo
Exklusive Villen, 10–20 Pers.
Exponierte, ruhige Lage
60 qm Seminarraum, Swimming-
Pool, hochwertige Ausstattung

Irland

Beara Circle/Südwest-Irland
c/o Ulla Kinon
Untertorstraße 16
D-65760 Eschborn
Tel 06196/42917
Fax 06196/44034
Seminarraumgrößen in qm:
1x60
Lautstärke möglich: ja
Belegungszahl insgesamt: 60
EZ: 10 DZ: 10 MBZ/Personen: 30
Vollwertkost, vegetarisch
Eigenes Seminarprogramm: ja
Behindertengerecht: nein

Ehemaliges Kloster, Eröffnung Juni
`94, große Räume, Kapelle, Garten,
Meernähe, Sauna, Naturheilthera-
pien, Ausbildungskurse, großes
Freizeitangebot, ganzjährig,
deutschsprachig, zusätzliche
Betten in Jugendherberge vor Ort.
▲

Reichrieglerhof
Bei Bozen
Info: MetaZentrum Wilder Kaiser
A-6351 Scheffau in Tirol
Tel 0043/5358/8192
Fax 0043/5358/81924
Seminarraumgrößen in qm:
1xca.70, 1xca.280, 1xca.40
Lautstärke möglich: ja
Belegungszahl insgesamt: 80–100
Vollwertkost, vegetarisch
Eigenes Seminarprogramm: nein
Behindertengerecht: nein
▲

Villa Stampa
Villa Stampa 1
I-06060 Lisciano Niccone
075/844265
Seminarraumgrößen in qm: 1x100
Belegungszahl: 24
Eigenes Seminarprogramm: ja
Behindertengerecht: ja
Deutschsprachiger Kontakt:
0039/575/619234.
▲

Italien

Passalmonte
Campagna 52
I-06065 Passignano
Info: Tel 0421/71874
Fax 0421/73128
Seminarraumgrößen in qm:
1x60, 1x40
Lautstärke möglich: ja
Belegungszahl insgesamt: 10
Normal, Vollwertkost, vegetarisch,
Selbstversorgung
Eigenes Seminarprogramm: nein
Behindertengerecht: nein

Schöne Aussichten: Großer, alter
Bauernhof am Trasimenischen See,
ideal für Gruppen und Vereine,
Familien und Freunde, Klassen und
Kurse; es gibt viel Platz für alles
Mögliche – drinnen und draußen.
▲

Compagna Bajazzo
Via Poggi 117
I-18100 Imperia
Tel 039/183650509
Fax 0039/62227
Seminarraumgrößen in qm:
1x70
Lautstärke möglich: ja
Belegungszahl insgesamt:38
EZ: 10 DZ: 6 MBZ/Personen: 16
Selbstversorgung
Eigenes Seminarprogramm: nein
Behindertengerecht: nein
▲

Casa Pantoro
I-19015 Levanto
Seminarraumgrößen in qm:
1x62
Lautstärke möglich: ja
Belegungszahl insgesamt: 7
Selbstversorgung
Eigenes Seminarprogramm: nein
Behindertengerecht: nein

Casa Pantoro, in einem einmalig
schönen Naturschutzgebiet gele-
gen, großer Umschwung, Oliven-
bäume.
Info: Sekretariat
Depotstraße 26, CH-3012 Bern
Tel 0041/31/244808
Fax 0041/31/246618.
▲

Centro d´Ompio
Pratolungo
I-28028 Pettenasco (NO)
Tel 0323/888967
Fax 0323/888980
Seminarraumgrößen in qm:
1x50, 1x80, 2x50
Lautstärke möglich: ja
Belegungszahl insgesamt:
bis 90
Vegetarisch, Selbstversorgung
möglich bis 25
Eigenes Seminarprogramm: ja
Behindertengerecht: nein
▲

Osho Mondragon

Localita Costa die La 36-38
I-31010 Arfanta/Corbanese (TV)
Tel 0039/438/925032
Fax 0039/438/925082
Seminarraumgrößen in qm:
1x180, 1x30
Lautstärke möglich: ja
Belegungszahl insgesamt: 50
MBZ/Personen: 50
Vegetarisch
Eigenes Seminarprogramm: ja
▲

Haus Prana

Pregasino 32 G
I-38066 Riva de Garda
0039/464/555492
Seminarraumgrößen in qm: 1x55
Lautstärke möglich: ja
Belegungszahl insgesamt: 18
DZ: 2 MBZ/Personen: 14
Vollwertkost, vegetarisch,
Selbstversorgung
Eigenes Seminarprogramm: ja
Behindertengerecht: nein
▲

Lichtenburg Diöz. Bildungshaus

Vilpianerstraße 27
I-39010 Nals
0039/471/678108
Seminarraumgrößen in qm:
4x30-40 Pers.
Lautstärke möglich: ja
Belegungszahl insgesamt: 48

EZ: 40 DZ: 4
Normale Verpflegung
Eigenes Seminarprogramm: ja
Behindertengerecht: ja
▲

Colle del Sole Toscana

Via di Mugnano 9
I-50052 Certaldo/Fi Italia
0039/571/652272
Seminarraumgrößen in qm: 1x50
Lautstärke möglich: ja
Belegungszahl insgesamt: 20
Normal, Vollwertkost, vegetarisch,
Selbstversorgung
Eigenes Seminarprogramm: nein
Behindertengerecht: nein

Seminarhaus in der Toscana.
Alleinlage, altes Gutshaus südlich
Florenz, bis 20 Betten, Panorama.
Info: Deutschland Tel 0711/245950
Fax 0711/243559, Colle del Sole,
Bopserwaldstraße 94, D-70184
Stuttgart
▲

Reinhard u. Susanne Fromm-Bartsch

San Martino a Maiano 22
I-50052 Certaldo (FI) Italia
Tel/Fax 0039/571/669203
Seminarraumgrößen in qm:
1x100, 1x50
Lautstärke möglich: ja
Belegungszahl insgesamt: 24
EZ: 2 DZ: 5 MBZ/Personen: 12

Italien

Vegetarisch, Selbstversorgung,
normale Verpflegung
Eigenes Seminarprogramm: nein
Behindertengerecht: nein

Toskana, zwischen Florenz und
Siena, Villa (Gutshof) aus dem 14.
Jahrhundert, großer Arbeitsraum
mit Tanzboden, Gruppen ab 12
Personen. Küche: Toskanische
Spezialitäten, Vollverpflegung 60/65
DM incl. Unterbringung, nächster
Bahnhof 8 km
▲

Casanuova
San Martino Altoreggi 52
I-50063 Figline (FI)
0039/55/9500027
Seminarraumgrößen in qm:
1x60, 1x40, 1x20
Lautstärke möglich: ja
Normale Verpflegung
Eigenes Seminarprogramm: nein
Behindertengerecht: nein
▲

Le Valli/Casa di Monte
Via San Eustachio in Acone 48
I-50065 Pontassieve
Info: Fritz Kruckemeyer
089/1675872
Seminarraumgrößen in qm: 1x30
Belegungszahl insgesamt: 14
Eigenes Seminarprogramm: nein
Behindertengerecht: nein
▲

La Noce , Gruppenhaus
Via di Vetrice 12
I-50065 Pontassieve/Fi
0039/55/8398356
Seminarraumgrößen in qm: 1x40
Belegungszahl: 16
Eigenes Seminarprogramm: nein
Behindertengerecht: nein
▲

Casa del Monte
Val di Pierle
I-52040 Mercatale di Cortona
0039/575/619234
Seminarraumgröße in qm: 1x30
Belegungszahl: 10
DZ: 2
Lautstärke möglich: ja
Vollwert, vegetarisch
Eigenes Seminarprogramm: ja
Behindertengerecht: nein
▲

Casa Faulle, I. Feitsma
I-52040 Montanare di Cortona
0039/75/825026
Seminarraumgrößen in qm:
1x50, 1x25
Lautstärke möglich: ja
Belegungszahl insgesamt: 24
DZ: 5 MBZ/Personen: 14
Vollwertkost, Selbstversorgung
Eigenes Seminarprogramm: ja
Behindertengerecht: nein
▲

Italien

Casa Joanni
I-52048 Monte San Savino/Arrezo
Kontakt: Jochen Strobel
Döllingerstraße 33
D-80639 München
089/170731 oder 0039/575/440277
Seminarraumgrößen in qm: 1x60
Lautstärke möglich: ja
Belegungszahl insgesamt:
28 und Zeltplatz
DZ: 8 MBZ/Personen: 9
Selbstversorgung
Eigenes Seminarprogramm: nein
Behindertengerecht: ja
▲

Casa Joanni

Selbstversorger-Hof im Herzen der Toscana für Gruppen- u. Einzelaufenthalte. Behindertengerecht.
In herrlicher Alleinlage und doch zentral, zwischen Siena und Nähe Monte San Savino Arezzo liegt dieser restaurierte historische Hof, umgeben von Wiesen, Bach und Eichenwald, mit Platz für 25 Personen in vier abgeschlossenen oder zusammenlegbaren Wohnungen mit 4 Küchen, 4 Bädern, offenen Kaminen und insgesamt zehn 2- bis 3-Bett Zimmern. Therapie-Halle 60 qm. Heiße Thermalquellen u. Seen in ca. 15 Autominuten erreichbar. Alle Einkäufe, Post, Bar, 1,5 km entfernt. Leihfarräder gratis. Spielwiesen, Biotope, Waldlichtung mit Feuerstelle und Badeteich neben dem Haus. Zelten möglich. Günstige Lage für Bahnreisende, sowie Familien mit Kindern. 750 Autobahnkilometer ab München.
Preis für Gruppen: 37.– DM pro Person/Tag
Kontakt: Jochen Strobel, Döllingerstr. 33, 80639 München, 089/170731 oder 0039/575/440277

Hotel Leonardo da Vinci
Podere Pagliano 22
I-53010 Frosini (SI)
0039/577/960122
Seminarraumgrößen in qm:
1x80
Belegungszahl: 30
Eigenes Seminarprogramm: nein
Behindertengerecht: nein
▲

Soc. Poci
I-53017 Radda in Chianti
0039/577/738386
Seminarraumgrößen in qm:
1x80, 1x40
Lautstärke möglich: ja
Belegungszahl insgesamt:
36
EZ: 2 DZ: 7
MBZ/Personen: 20
vegetarisch, Selbstversorgung
Eigenes Seminarprogramm: ja
Behindertengerecht: nein

Zwei unabhängige Seminarhäuser, einsame Toscana-Lage, für 20 und 16 Personen. 3 Versammlungsplätze im Freien: 180 qm mit Fernblick, 90 qm am Bach, 60 qm Hexagon mit Dach. Seminarräume 80 qm bzw. 40 qm. Grund 85 ha. Mit Verpflegung oder Selbstversorgung.
▲

Italien

Podere Croci

Rivalto/zwischen Pisa und Volterra
I-56030 Cainni
Info: Schweiz 0041/1/8611515
Seminarraumgrößen in qm: 1x37,
erweiterbar auf 70
Belegungszahl: max. 20
Eigenes Seminarprogramm: nein
Behindertengerecht: nein
▲

Podere le Capannacce

I-56036 Palaia
0039/587/622106
Seminarraumgrößen in qm: 1x150
Lautstärke möglich: ja
Belegungszahl insgesamt: 35
MBZ/Personen: 35

Vegetarisch
Eigenes Seminarprogramm: ja
Behindertengerecht: ja

Toskana: Traumhaftes Gruppenhaus
in den grünen Hügeln zwischen
Pisa und Firenze. 2-3-Bett-Zimmer
für 15-35 Teilnehmer, 8 Bäder,
schöner, heller Gruppenraum 150
qm mit Holzfußboden, ausgezeichnete vegetarische Vollwertküche.
Liebevolle Crew. Info:
Podere le Capannacce
I-56036 Palaia
0039/587/622106
▲

Italien

Casa Purgatorio
I-Toskana
Info: Thomas Behnke
Witikonstraße 43
CH-8032 Zürich
0041/1/3817004
Italien: 0039/575/52708
Seminarraumgrößen in qm:
1x75, 1x70
überdachte Arbeitsterasse im
Freien 1x100
Belegungszahl: 22
Eigenes Seminarprogramm: ja
Behindertengerecht: nein

Casa Nova
Toskana
Info: siehe oben
Seminarraumgrößen in qm:
1x80, 1x45, überdachte Arbeits-
terrasse im Freien, 1x120
Lautstärke möglich: ja
Belegungszahl insgesamt: 28
Vegetarisch, Selbstversorgung
Eigenes Seminarprogramm: ja
Behindertengerecht: nein

„Casa Nova" und „Casa Purgatorio",
zwei sanft renovierte Landhäuser
im Herzen der Toskana. 40 km
südlich Florenz, mit privatem
Badesee, ideal auch für Gruppen
mit Kindern.
Vegetarische Vollpension: DM 65,–
Selbstverpflegung: DM 35,–.
Das Jahresprogramm für beide
Häuser erscheint im Februar.
▲

San Francesco
I-Südtoskana
Info: Alfredo E. Wollner
P.d. Castello 5
I-58050 Montemerano
Tel 0564/602911
Fax 0564/602673
Seminarraumgröße in qm: 1x84
Belegungszahl: 24
▲

Casa Collina, Fam. Kuhn
I-Preggio, Mittelitalien
Info: Familie Kuhn
Am Kappellenacker 17a
D-85368 Moosburg, 08761/63287
Seminarraumgrößen in qm: 1x50
Lautstärke möglich: ja
Belegungszahl insgesamt: 16
DZ: 2 MBZ/Personen: 12
Selbstversorgung
Eigenes Seminarprogramm: nein
Behindertengerecht: nein

Casa Collina, Umbrien, renoviertes
Bauernhaus in herrlicher Alleinlage,
Panoramablick, 16 Betten, großer
Raum 50 qm, 3 Küchen, 3 Bäder,
Sauna, Terrassen.
▲

Le Capannacce
Nähe Pisa und Florenz
Info: Alfredo E. Wollner
P.d. Castello 5
I-58050 Montemerano
Tel 0564/602911
Fax 0564/602673

Italien

Seminarraumgröße in qm: 1x150
Belegungszahl: 36
Behindertengerecht: nein
▲

La Magia
Süd-Toskana
Info: Alfredo E. Wollner
P.d. Castello 5
I-58050 Montemerano
Tel 0564/602911
Fax 0564/602673
Seminarraumgröße in qm: 1x55
Belegungszahl: 15
Behindertengerecht: nein
▲

Villa San Michele
Nähe Siena
Info: Alfredo E. Wollner
P.d. Castello 5
I-58050 Montemerano
Tel 0039/564/602911
Fax 0039/564/602673
Seminarraumgröße in qm: 1x130
Belegungszahl: 50
▲

Podere Romitorio
I-58050 Montemerano
Provincia di Grosseto
0039/564/602750
▲

CASANUOVA

TOSCANA

CASANUOVA
Seminar- und Gästehaus

Inmitten der Toscana südöstlich von Florenz (25 km), am Rande der Chiantiberge, liegt unser Hof CASANUOVA, ein seit vielen Jahren bekanntes Ziel für Seminar- und Feriengäste. Das bäuerliche Anwesen, behutsam renoviert, ist umgeben von 20 ha biologisch bewirtschaftetem Land mit Wald, Wein, Oliven und einem großen Gemüsegarten. Mit 16 geschmackvoll eingerichteten Zimmern für max. 40 Personen, diversen Gruppenräumen, 11 Bädern, Zentralheizung, Terrassen, Kaminen, einer Kapelle und der Bibliothek bietet es die besten Vorraussetzungen für einen entspannten, kreativen und genußvollen Aufenthalt.

Es macht Freude, dafür zu sorgen, daß die Mahlzeiten Höhepunkte der Tage auf CASANUOVA werden. Sie sind sorgfältig, ausschließlich mit frischen, den Jahreszeiten entsprechenden Zutaten „all'italiano" zubereitet und können auf Wunsch rein vegetarisch sein.

Bitte weiter Informationen anfordern bei: Fam. Besançon, San Martino Altoreggio 52
50063 Figline Valdarno/Italia, Tel/Fax 0039/55/950027

Forum Toscanum
Villa Campo al Sole
südlich von Pisa
Info: Deutschland: Sigrid Stübel,
Wladburgstraße 163
D-70563 Stuttgart
0711/7356865
Seminarraumgrößen in qm: 1x60
Lautstärke möglich: ja
Belegungszahl insgesamt: 20
DZ: 4 MBZ/Personen: 12
Toskanische Küche, auch
vegetarisch
Eigenes Seminarprogramm: nein
Behindertengerecht: nein
▲

Villa Rosa
I-Südtoskana
Info:
In Italien: Agamya Scharfenberg
0039/564/505122
In Deutschland: Laura und Claus
Riemann
08678/8243
Seminarraumgrößen in qm: 1x70
Lautstärke möglich: ja
Verpflegung: Italienisch
Eigenes Seminarprogramm:
teilweise
Behindertengerecht: ja
▲

Österreich

Institut Dr. Schmida
Lehargasse 1/2
A-1060 Wien
Tel 0043/222/5875046
Fax 0043/222/585046-4
Seminarraumgrößen in qm:
1x120, 2x60, 1x30
Belegungszahl insgesamt:100
MBZ/Personen: 100
Eigenes Seminarprogramm: ja
Behindertengerecht: nein
keine Übernachtungsmöglichkeit
▲

Shambala
Verein Tai Chi
Josefstädterstraße 5/13
A-1080 Wien
Tel/Fa 0043/222/4084786
Seminarraumgrößen in qm:
1x114, 1x108, 1x64
Lautstärke möglich: teilweise
Eigenes Seminarprogramm: ja
▲

Porta Vitae
Verein für geistige
Entwicklung
Gablenzgasse 38/49
A-1160 Wien
0043/222/923236
Seminarraumgrößen in qm:
1x70, 1x55, 1x30
Eigenes Seminarprogramm: ja
Behindertengerecht: nein
▲

Bildungshaus Lainz
Lainzerstraße 138
A-1130 Wien
Tel 0043/222/8047593
Fax 0043/222/8049743
Seminarraumgrößen in qm:
1x130, 1x80, 2x47, 4 kleine
Lautstärke möglich: ja
Belegungszahl insgesamt: 90
EZ: 32 DZ: 29
Normal,Vegetarisch
Eigenes Seminarprogramm: ja
Behindertengerecht: nein
▲

Nexen Hof
A-2041 Grund 100
0043//2951/2813/2638
Seminarraumgrößen in qm:
1x110, 1x45
Lautstärke möglich: ja
Belegungszahl insgesamt: 70
EZ: 40 DZ: 1 MBZ/Personen: 28
vegetarisch
Eigenes Seminarprogramm: ja
Behindertengerecht: nein
▲

Haus Königsbühel
Die Bildungswerkstatt
A-2384 Breitenfurt
0043/2239/2312
Belegungszahl: 16
Vollwertkost
Eigenes Seminarprogramm: ja
Behindertengerecht: nein
▲

Burg Plankenstein
Seminarhaus
A-3242 Texing a.d. Mank
0043/2755/7254
Seminarraumgrößen in qm:
1x95, 1x64
Belegungszahl: 200
Eigenes Seminarprogramm: nein
Behindertengerecht: nein
▲

Landhaus Wolfsberg
Seminarzentrum
Brettl 28
A-3264 Gresten
0043/7485/317
Seminarraumgrößen in qm:
1x100, 1x30
Belegungszahl: 35
Eigenes Seminarprogramm: ja
Behindertengerecht: nein
▲

Buddhistisches Zentrum
Ginselberg 12
A-3270 Scheibbs
0043/7482/42412
Seminarraumgrößen in qm:
1x70, 1x35
Lautstärke möglich: nein
Belegungszahl insgesamt: 50
Vegetarisch
Eigenes Seminarprogramm: nein
Behindertengerecht: nein
▲

Bildungshaus St. Georg
Ort der schöpferischen
Möglichkeiten
A-3632 Traunstein Nr. 101
0043/2878/466 oder /201
Seminarraumgrößen in qm:
1x100, 2x60
Belegungszahl: 30
Eigenes Seminarprogramm: ja
Behindertengerecht: nein
▲

Zentrum – Joachimshof e. V.
Joachimsthal 3
A-3972 Bad Großpertholz
0043/2857/2326
Seminarraumgrößen in qm: 1x90
Belegungszahl: 30
EZ: 2 DZ :8
Lautstärke möglich: ja
Vegetarisch
Eigenes Seminarprogramm: ja
Behindertengerecht: bedingt
▲

Haus Sanitas, vegetarische
Pension und Seminarhaus
Fürling 10
A-4150 Rohrbach
Tel 0043/7289/6433
Fax 0043/7289/6433208
Seminarraumgrößen in qm:
1xca. 70
Lautstärke möglich: nein
Belegungszahl insgesamt: 36
EZ: 12 DZ: 12
Vollwertkost, vegetarisch

Österreich

Eigenes Seminarprogramm: ja
Behindertengerecht: nein
▲

Gesundheits- und Seminarhaus „Sommerau" Fam. Neureiter
A-5423 St. Koloman
Tel 06241/2120
Fax 06241/2128
Seminarraumgröße in qm:
1x75, 1x36
Belegungszahl: 46
Eigenes Seminarprogramm. ja
▲

Seminarhaus am Preber
Haiden 72
A-5580 Tamsweg
0043/6474/7158
Seminarraumgrößen in qm: 1x70
Lautstärke möglich: ja
Belegungszahl insgesamt:40
EZ: 2 DZ: 8 MBZ/Personen: 22
Normal, Vollwertkost, vegetarisch,
Selbstversorgung
Eigenes Seminarprogramm: nein
Behindertengerecht: nein
▲

Kultur- und Seminarzentrum Schloß Goldegg
Hofmark 1
A-5622 Goldegg/Salzburg
0043/6415/85040
Seminarraumgrößen in qm:

1x50, 1x84, 1x160
Belegungszahl: keine
Eigenes Seminarprogramm: ja
Behindertengerecht: nein
▲

Haus Ringelblume
Am Griespark 8
A-5630 Bad Hofgastein
0043/6432/8305
Seminarraumgrößen in qm: 1x30
Lautstärke möglich: nein
Belegungszahl insgesamt: 19
EZ: 3 DZ: 2 MBZ/Personen: 12
Vollwertkost, vegetarisch,
Selbstversorgung
Eigenes Seminarprogramm: nein
Behindertengerecht: nein
▲

Bio-Aktiv-Hotel Grafenast Seminare-Kurse
Pillberggasse 205
A-6130 Schwaz/Tirol
0043/5242/3209
Seminarraumgrößen in qm: 1x70
Lautstärke möglich:ja
Belegungszahl insgesamt: 48
EZ:10 DZ: 14
Normal, Vollwertkost, Vegetarisch,
Eigenes Seminarprogramm: ja
Behindertengerecht: nein
▲

Österreich

Seminar- u. Landhaus Wetscher
Am Plenggen 26
A-6263 Fügen i. Zillertal
Info:Tel 089/29015333
Fax 089/293630
Seminarraumgrößen in qm: 1x25
Lautstärke möglich: ja
Belegungszahl insgesamt: 18
DZ: 2 MBZ/Personen: 14
Selbstversorgung
Eigenes Seminarprogramm: nein
Behindertengerecht: nein

▲

Humaniversity e. V. Haus Vorderdux
Stadtberg 1
A-6330 Kufstein
0043/5372/62296
Seminarraumgröße in qm:1x 80
Belegungszahl: 120
Behindertengerecht: nein
Eigenes Seminarprogramm: ja

▲

MetaZentrum Wilder Kaiser
A-6351 Scheffau in Tirol
Tel 0043/5358/8192
Fax 0043/5358/81924
Seminarhaus Alte Mühle
am Hintersteiner See
in Scheffau
Seminarraumgrößen in qm: 1x30
Lautstärke möglich: ja
Belegungszahl: 16
Vollwertkost, vegetarisch

Eigenes Seminarprogramm: nein
Behindertengerecht: nein
Seminarhaus Leitenhof
in Scheffau
Seminarraumgrößen in qm:
1x45, 1x90, 1x120
Lautstärke möglich: ja
Belegungszahl: 80-100
Vollwertkost, vegetarisch
Eigenes Seminarprogramm: nein
▲

Gesundheits-Seminarzentrum Hotel Florian
A-6370 Reith b. Kitzbühel
Tel 0043/5356/5242 u. 5633
Fax 0043/5356/5242-4
Seminarraumgrößen in qm: 1x130
Lautstärke möglich: ja
Belegungszahl insgesamt: ca. 100
EZ: 4 DZ: 11
MBZ/Personen: ca. 70
Vollwertkost, vegetarisch
Eigenes Seminarprogramm: nein
Behindertengerecht: nein
▲

Seminar- u. Meditationszentrum Kristall Christine Goll
A-6644 Boden 41/Tirol
Tel 0043/5635/235
Fax 0043/5635/235
Seminarraumgrößen in qm: 1x40
Lautstärke möglich: ja
Belegungszahl insgesamt:16-18
MBZ/Personen: 16-18

Österreich

Vollwertkost, vegetarisch
Eigenes Seminarprogramm: ja
Behindertengerecht: nein
▲

Europahaus
Am Greim
in der Steiermark
Info: Meta Zentrum Wilder Kaiser
Tel 0043/5358/8192
Fax 0043/5358/8192
Seminarraumgrößen in qm:
1x140, 1x 40
Belegungszahl: 50
Eigenes Seminarprogramm: nein
Behindertengerecht: nein
▲

Chalet-Masenberg
Masenberg
Oberberneuberg 25
A-8225 Pöllau
0043/316/827470
Seminarraumgrößen in qm:
1x40, 1x70
Belegungszahl: 17
Eigenes Seminarprogramm: ja
Behindertengerecht: nein
▲

**Massage-Schloss-Schule
St. Georgen**
St. Georgen 66
A-8413 St. Georgen a.d. Stiefing
0043/3183/468
Seminarraumgrößen in qm: 1x70

Lautstärke möglich: ja
Selbstversorgung
Eigenes Seminarprogramm: ja
Behindertengerecht: nein
▲

**Sternhof
Erika Swoboda**
Kohlberg 1
A-8454 Arnsfeld
0043/3455/7715
Seminarraumgrößen in qm: 1x40
Belegungszahl: 10
Eigenes Seminarprogramm: nein
Behindertengerecht: nein
▲

Österreich

Seminarhaus
Werkhof Bistrica
Potoschnig Alfred
Feistritz 31
A-9143 St. Michael/Kärnten
0043/435/2638
▲

Ferienparadies
Agathenhof
Agathenhofstraße 24
A-9322 Micheldorf/Kärnten
Tel 0043/4268/2015
Fax 0043/4268/4054
Seminarraumgrößen in qm:
1x108, 1x75
Lautstärke möglich: ja
Belegungszahl insgesamt: 130
EZ: DZ:
MBZ/Personen:
Normal, Vollwertkost, vegetarisch,
Sonnenkost
Eigenes Seminarprogramm: ja
Behindertengerecht: nein
▲

Pilsachhof
Seminarzentrum
A-9543 Arriach 74
0043/4247/8193
Seminarraumgrößen in qm:
1x80, 1x40
Lautstärke möglich: ja
Belegungszahl insgesamt: 32
DZ: 16
Vollwertkost, vegetarisch,
Selbstversorgung
Eigenes Seminarprogramm: nein
Behindertengerecht: nein
▲

Seminarhaus in Fügen
A-Zillertal/Tirol
Info Deutschland:
Dr. Hermann Heukamp
Rumfordstraße 21a
D-80469 München 5
089/29015333
Seminarraumgrößen in qm: 1x20
Belegungszahl: 14
Eigenes Seminarprogramm: nein
Behindertengerecht: nein
▲

Portugal

Moinho Velho
Tagungshaus-Ferienstätte
Moinho Velho
P-7570 Grandola Melides
Tel 00351/69/97323
Fax 00351/69/ /97320
Seminarraumgrößen in qm: 1x60
Lautstärke möglich: ja
Belegungszahl insgesamt: 29
EZ: 8 DZ: 1 MBZ/Personen: 19
Normal, Vollwertkost
Eigenes Seminarprogramm: nein
Behindertengerecht: ja
▲

Quinta da Luz- Algarve
Infos: Pluspunkt Reisen
Uferstraße 24
D-61137 Schöneck
Tel 06187/480488
Fax 06187/480435
Seminarraumgrößen in qm:
1x81, 1x67 + Massageraum
Lautstärke möglich:
nach Absprache
Belegungszahl insgesamt: 198
Normal, Vollwertkost, vegetarisch,
Selbstversorgung
Eigenes Seminarprogramm: teils
Behindertengerecht: bedingt

Quinta da Luz, die Häuser des
Lichtes! Ein exclusives Domizil für
alle, die das Außergewöhnliche
schätzen. Auf einem 38.000 qm
großen Südhanggelände kreierte
ein portugisischer Architekt diese
Häuser.
▲

Schweiz

Rundzeltdorf in der Natur
Rolf
Langgasse 6
Postfach 5
CH-9008 St. Gallen
0041/71/242312
Seminarraumgrößen in qm:
1x90, 1x60
Lautstärke möglich: ja
Belegungszahl insgesamt: max. 70
Nach Wunsch
Eigenes Seminarprogramm: nein
Behindertengerecht: nein
▲

Le Praforney Kurshaus
CH-1824 Caux/Montreaux
Info: Gaia Netzwerk
CH-4418 Reigolswil
Seminarraumgrößen in qm: 1x80
Belegungszahl: 20
Lautstärke möglich: ja
Verpflegung: normal, vegetarisch
Eigenes Seminarprogramm: nein
Behindertengerecht: nein
▲

Schweiz

Hotel Beau-Site, Ferien- u. Kurshotel
CH-1927 Chemin
0041/26/228164
Lautstärke möglich: nein
Belegungszahl insgesamt: 27
EZ: 7 DZ: 10
Normal, Vollwertkost, vegetarisch,
Eigenes Seminarprogramm: nein
Behindertengerecht: nein
▲

Villa Kassandra
Les Bornes
CH-2914 Damvant
0041/66/766185
Seminarraumgrößen in qm:
1x70
Lautstärke möglich: ja
Belegungszahl insgesamt: 32
DZ:
4 MBZ/Personen: 24
Vegetarisch
Eigenes Seminarprogramm: ja
Behindertengerecht: nein

Ferien- und Bildungszentrum für
Frauen. Ideal auch für Retraitten-
Seminare, Klausuren von Frauen-
gruppen. Neu: Reduzierte Gruppen-
tarife!
▲

**Internationales
Seminar- Zentrum Waldhaus**
CH-3432 Lützelflüh
0041/34/610705

Seminarraumgröße in qm:
1x175, 1x140
Belegungszahl: 70
Eigenes Seminarprogramm: nein
Behindertengerecht: nein
▲

**Sozial- u. Kulturwerk
Rüttihubelbad**
CH-3512 Walkringen
Tel 0041/31/7008181
Fax 0041/31/7008190
Seminarraumgrößen in qm:
10x10-150 Pers., Konzertsaal m.
450 Plätzen
Lautstärke möglich: nein
Belegungszahl insgesamt:150
EZ: 45 DZ: 45 MBZ/Personen: 15
Normal, Vollwertkost, vegetarisch,
Eigenes Seminarprogramm: ja
Behindertengerecht: ja

Rütihubelbad ist ein Sozial- und
Kulturwerk auf anthroposophischer
Grundlage und steht allen offen. Es
liegt im Emmental, 736 m ü.M.,
ideal auf einer Sonnenterasse, 15
km von Bern entfernt.
▲

**Osho-Institute for
Native & Healing Arts**
Kaya & Nirvana, Ferienhaus
Femerling Bunderbach
CH-3716 Kandergrund
0041/033/715672
Eigenes Seminarprogramm: ja
▲

Kurshaus Lengmatt
CH-3753 Oey-Diemtigen/Berner
Oberland
Info: Sekretariat
Depotstraße 26
CH-3012 Bern
Tel 0041/31/244808
Fax 0041/31/246618
Seminarraumgrößen in qm: 1x50
Lautstärke möglich: ja
Belegungszahl insgesamt: 12
Selbstversorgung
Eigenes Seminarprogramm: nein
Behindertengerecht: nein
▲

**imi Intern. Makrobiotik
Institut
Kurshotel Kientalerhof**
CH-3723 Kiental
Tel 0041/22/762676
Fax 0041/33/761241
Lautstärke möglich: ja
Belegungszahl insgesamt: 80–100
Makrobiotisch
Eigenes Seminarprogramm: ja
Behindertengerecht: ja
▲

**Villa Unspunnen Tagungs- u.
Bildungszentrum**
Berner Oberland
CH-3812 Wilderswil-Interlaken
Tel 0041/36/221718
Fax 0041/36/229070
Seminarraumgrößen in qm:
1x120, 1x80, 1x25, 1x20
Belegungszahl: 51

Eigenes Seminarprogramm: nein
Behindertengerecht: nein
▲

Zentrum Waldegg
Schiltwald
CH-3823 Wengen
Tel 0041/36/554422
Fax 0041/36/554395
Seminarraumgrößen in qm: 1x55
Lautstärke möglich: ja
Belegungszahl insgesamt: 35
DZ: 8 MBZ/Personen: 19
Vegetarisch
Eigenes Seminarprogramm: ja
Behindertengerecht: nein
▲

Schweiz

Schweibenalp
Zentrum
der Einheit
CH-3855 Brienz
Tel 0041/36/512001
Fax 0041/36/514409
Seminarraumgrößen in qm:
1x84, 1x40
Lautstärke möglich: nein
Belegungszahl insgesamt: 85
EZ: 2 DZ: 2
MBZ/Personen: 79
Vegetarisch
Eigenes Seminarprogramm: ja
Behindertengerecht: nein
▲

Hofgemeinschaft (Bio)
Waldenstein
CH-4229 Beinwil
0041/61/7919328
Seminarraumgröße in qm:1x30
Lautstärke möglich: ja
Belegungszahl insgesamt: bis 12
MBZ/Personen: 12
Normal, Vollwertkost, vegetarisch
Selbstversorgung
Eigenes Seminarprogramm:
zum Teil
Behindertengerecht: nein
▲

**Seminarhaus und Gästehaus
„Pfeifenfabrik"
Dorfstraße 173**
CH-4245 Kleinlützel/
Regio Basel
0041/61/7719161
Seminarraumgrößen in qm:
1x140, 1x70, 1x30
Belegungszahl: 50
Lautstärke möglich: ja
Vollertkost, vegatarisch, normale
Verpflegung
Eigenes Seminarprogramm: nein
Behindertengerecht: nein

Die umgebaute ehemalige Pfeifenfabrik liegt am Dorfrand, umgeben
von Wiesen und Wald; gut erreichbar mit öffentlichen Verkehrs-
mitteln.
Ausgangsort für Ausflüge ins
Elsass und Jura. Offene und
familiäre Atmosphäre. Ideale
Arbeitsräume.

▲

Wasserfallenhof
Pf. 232
CH-4418 Reigoldswil
0041/61/9412078
Seminarraumgrößen in qm: 1x110
Lautstärke möglich: bedingt
Belegungszahl insgesamt: bis 25
Normal, Vollwertkost, vegetarisch,
Eigenes Seminarprogramm: nein
Behindertengerecht: nein

▲

Schweiz

Kurshaus Linde
Dorfstraße 22
CH-4914 Roggwil b. Langenthal
Tel 0041/63/493322
Fax 0041/63/493301
Seminarraumgrößen in qm:
200-300
Lautstärke möglich: ja
Belegungszahl insgesamt: 15–32
EZ: 2 DZ: 2
Vollwertkost, vegetarisch
Eigenes Seminarprogramm: ja
Behindertengerecht: nein
▲

Palazzo Armonici
Rossa
CH-6611 Loco-Tessin
Tel 0041/93/852005
Fax 00041/93/852005/0041
Seminarraumgrößen in qm:
2x30, 2x27
Lautstärke möglich: ja
Belegungszahl insgesamt: 20
EZ: 2 DZ: 5 MBZ/Personen: 8
Vegetarisch, normal,
Selbstversorgung
Eigenes Seminarprogramm: ja
Behindertengerecht: nein

Das besondere Klang- und Ferienhaus für Einzelreisende und Gruppen. Obertöne – Klang der Stille mit

Bernhard Jaeger, Tibetische Klang-
schalen, Gongs, Obertonsingen.
Klangferien im Tessin inmitten
wilder Natur.

▲

Palazzo Agra
Fondazione Centro Agra
CH-6927 Agra
Tel 0041/91/542581
Fax 0041/91/547675
Seminarraumgrößen in qm:
1x90, 2x40, 1x32, 1x22, 1x60
Lautstärke möglich: ja
Belegungszahl insgesamt: 85
EZ: 36 DZ: 9 MBZ/Personen: 31

Normal, Vollwertkost, vegetarisch,
Eigenes Seminarprogramm: nein
Behindertengerecht: nein

▲

Hof de Planis
Tagungszentrum
CH-7226 Steis ob Schiers
0041/81/531149
Seminarraumgrößen: 1x50,
4 x kleinere Gruppenräume
Belegungszahl: 32
Eigenes Seminarprogramm: ja
Behindertengerecht: nein

▲

Schweiz

Sternahaus
Ferien- und Kurshaus
CH-7404 Feldis/Veulden
0041/81/831220
Seminarraumgrößen in qm: 1x42
Lautstärke möglich: ja
Belegungszahl insgesamt: 41
EZ: 3 DZ: 4 MBZ/Personen: 30
Normal, Vollwertkost, vegetarisch,
Eigenes Seminarprogramm: ja
Behindertengerecht: nein
▲

Tgesa Piz Ot
Haus für Muße und
Begegnung
CH-7459 Stierva/GR
Tel 0041/81/711178
Fax 0041/81/712528
Seminarraumgrößen in qm:
1x150, 1x22
Lautstärke möglich: nein
Belegungszahl insgesamt: 40
EZ: 1 DZ: 6 MBZ/Personen: 27
Normal, Vollwertkost, vegetarisch
Eigenes Seminarprogramm: ja
Behindertengerecht: nein

Ferien- Kurs- Pilger- Narren- Ski-
und Erholungs-Gasthaus auf 1375
m ü.M … Traumhafte Lage, schöne
Spazier- und Wanderwege, Ski-
tourengebiet vor dem Haus, moder-
ne gemütliche Zimmer mit Du/Wc,
sehr feine Küche.
▲

Hotel Europa
Kongress- und Ferienhotel
Herr Bützberger
CH-7512 Champfèr
Tel 0041/82/21175
Fax 0041/82/38608
Seminarraumgrößen:
von 100–200 Personen
Lautstärke möglich: ja
Normal, Vollwertkost, vegetarisch,
Eigenes Seminarprogramm: ja
Behindertengerecht: teilweise
▲

Kurs- und Ferienzentrum
Chasa dal 1450
Frau Ansina Schnyder
CH-7527 Brail
0041/82/72046
Seminarraumgrößen in qm: 1x 34
Belegungszahl: 14
Eigenes Seminarprogramm: ja
Behindertengerecht: nein
▲

Hotel St. Gotthard
Bahnhofstraße 87
CH-8023 Zürich
Tel 0041/1/2115500
Fax 0041/1/2112419
Seminarraumgrößen in qm: 1x73
Lautstärke möglich: nein
EZ: 70 DZ: 45
Normal, Vollwertkost, vegetarisch
Eigenes Seminarprogramm: ja
Behindertengerecht: nein
▲

Schweiz

Boldernhaus Zürich
Voltastraße 27
CH-8044 Zürich
0041/1/2617361
Lautstärke möglich: ja
Belegungszahl insgesamt: 140
EZ: 32 DZ: 28 MBZ/Personen: 40
2 Jugendhäuser, seperat zu mieten,
Normal, vegetarisch,
Selbstversorgung
Eigenes Seminarprogramm: ja
Behindertengerecht: nein
▲

Gruppenraum Moving
Verena Speidel
Regensbergstraße 126
CH-8050 Zürich
0041/1/3122932
Seminarraumgrößen in qm: 1x55
Lautstärke möglich: nein
Selbstversorgung
Eigenes Seminarprogramm: nein
Behindertengerecht: ja
▲

Schweiz

Evang. Tagungs- und Studienzentrum Boldern
CH-8708 Männedorf
0041/1/9221171
Seminarraumgrößen in qm:
1x140, 1x105, 1x62, 1x48, 1x40
Lautstärke möglich: ja
Belegungszahl: 140
EZ: 32 DZ: 28 MBZ/Personen: 52
Vegetarisch, normal, Selbstvers.
Eigenes Seminarprogramm: ja
Behindertengerecht: bedingt
▲

Bildungszentrum SJBZ
Lincolnweg 23
CH-8840 Einsiedeln
0041/55/534295
Fax 0041/55/537231

Seminarraumgrößen in qm:
20–200
Lautstärke möglich: ja
Belegungszahl insgesamt: 60
Normale Verpflegung
Eigenes Seminarprogramm: ja
Behindertengerecht: ja
▲

Monte Vuala Ferien- Schulungs- und Kurshotel f. Frauen
CH-8881 Walenstadtberg
0041/81/7351115
Seminarraumgrößen in qm: 1x70
Belegungszahl: 33
Vegetarische Vollwertkost
▲

Spanien

La Casa de Campo
Apartado 111
E-03720 Benissa
Tel 0034/6/5731934
Fax 0034/6/5730700
Seminarraumgrößen in qm:
1xca.90
Belegungszahl insgesamt: 18
DZ: 9
Selbstversorgung
Eigenes Seminarprogramm: nein
Behindertengerecht: nein

▲

Hostal Fornalutx
Calle Alba 22
E-Fornalutx-Mallorca
0034/71/631997
Belegungszahl: 25
Eigenes Seminarprogramm: nein
Behindertengerecht: nein

▲

Hotel-Apartamentos Cala Santanyi
Familie Vincens
E-07659 Cala Santanyi/Mallorca
Tel 0034/71/653200
Fax 0034/71/163077
Seminarraumgrößen in qm:
1x100, 1x70
Belegungszahl: 160
Eigenes Seminarprogramm: ja
Behindertengerecht: nein

▲

Falcon Blanco Ferien- und Seminarzentrum
PO 1171
E-07800 Ibiza/Spanien
0034/71/332589
Seminarraumgrößen in qm:
1x50, 2x20
Belegungszahl: 20
Eigenes Seminarprogramm: ja
Behindertengerecht: nein

▲

Hotelito Jardin Eden
Placa Pau Casals 14
E-17220 Sant Feliu de Guixols
Tel/Fax 0034/72/822259
Seminarraumgrößen in qm:
1x300, 1x170, 1x100
Lautstärke möglich: ja
Belegungszahl insgesamt: 80
DZ: 40
Vegetarisch, auf Wunsch normale Verpflegung
Eigenes Seminarprogramm: ja
Behindertengerecht: nein

▲

Gästehaus Krohne
Cruz de Jagria
E-38370 La Matanza/Tenriffa
0034/22/577053
Seminarraumgrößen in qm:
1x50, 1x30
Belegungszahl: 14
Eigenes Seminarprogramm: ja
Behindertengerecht: nein

▲

Spanien

An einer stillen Bucht mit türkis-blauem Meer, umgeben von Palmen und Pinien stehen unsere beiden Häuser. Die Leitung ist deutsch-mallorquinische. Ein Geheimtip für alle, die das „andere Mallorca" suchen, das ursprüngliche. Komfortable Doppelzimmer, Suiten und Apartements (mit Küche) mit Bad, WC, Selbstwahltelefon, Safe, Kühlschrank, Balkon, Heizung. Ausgezeichnete Küche mit internationalen und mallorquinischen Spezialitäten. Ideal für Fischliebhaber. Vegetarisch.

Hallen- und Freibad, Strand, Sauna, FKK-Sonnenterrasse, Trimm-Raum, Tennisplatz, Fahrräder, Segelboote, Surfen, Schönheitswochen-Programme, Restaurant, Grill, Disco-Pup für den „Hausgebrauch", Strandrestaurant mit Bar.

Verschiedene Aufenthaltsräume: 2 helle Seminarräume 100 qm und 70 qm sowie 1 Sonnendachterrasse von 300 qm stehen Ihnen für kreative Aktivitäten wie Yoga-Seminare oder auch für Ausbildungs-Seminare zur Verfügung. Seminar-Veranstalter bitte Information anfordern. Sonderwochen und Seminare: Radausflüge, Mandelblüte, Malkurs, Yoga, Tai-chi, Kultur und Botanik auf Anfrage. Freizeitmöglichkeiten: Wandern Radfahren das ursprüngliche Mallorca entdecken zum Wochenmarkt etc.

Familie Vicens, HOTEL APARTAMENTOS CALA SANTANYI, E-07659 Cala Santanyi/Mallorca Mallorca
Tel 003471-653200 Fax 003471-163077

Spanien

Finca Verde
Caneno 1- Ctra. General
E-38310 La Orotava/Teneriffa
0034/22/334007
Seminarraumgrößen in qm:
1x45 + Terasse
Lautstärke möglich: ja
Belegungszahl insgesamt: 27
EZ: 2 DZ: 4 MBZ/Personen: 17
Vollwertkost, Vegetarisch
Eigenes Seminarprogramm: nein
Behindertengerecht: nein
▲

Casa Blanca
Nirvesh/Gyan
E-38870 Valle Gran Rey Vueltas
La Gomera Islas Canaris
Tel/Fax 0034/22/805540
Seminarraumgrößen in qm:
1x20, 1x17 (Meditationsraum)
Belegungszahl: 10
Eigenes Seminarprogramm: ja
Behindertengerecht: nein
▲

Argayall /Finca Argaga
La Gomera - Islas Canarias
E-38416 Valle Gran Rey
022/805551
Seminarraumgrößen in qm: 1x100
Lautstärke möglich: ja
Belegungszahl insgesamt: 23
Vegetarisch
Eigenes Seminarprogramm: ja
Behindertengerecht: nein
▲

Las Massilia
Treffpunkt für Eros und Kultur
E-Lanzarote
Info Deutschland:
Martina Kreutzer
Rosa-Luxemburgerstraße 39
D-14806 Belzig
Tel/Fax 033841/59565
Belegungszahl: 35
Eigenes Seminarprogramm: ja
Behindertengerecht: nein
▲

Lotus Villa
Ahungalla/Sri Lanka
Tel 0094/9/54082
Fax 0094/9/54083
Belegungszahl insgesamt:
12–24
EZ: 12 oder DZ:
Normal, vegetarisch
Eigenes Seminarprogramm: ja

Ayurveda-Kuren mit erfahrenen
Ärzten, Masseuren, Köchen – für
Gesundheit, Lebenskraft und
Harmonie. Infos und Buchung:
Ayurveda Sri Lanka
Info Deutschland:
Helga Schmidt
D-81479 München
Schieggstraße 23a
089/7902777
▲

Mittelamerika

Plantation Inn
P.O. Box 2
Ocho Rios, Jamaica
Info Deutschland:
Tel 069/776012 Fax 069/701007
Seminarraumgrößen in qm:
1x60, 1x40
Lautstärke möglich: nein
Belegungszahl insgesamt: ca. 130
Eigenes Seminarprogramm: nein
Behindertengerecht: nein
▲

Pompano Beach Club
Bermuda
Info Deutschland:
Tel 069/776012
Fax 069/771007
Seminarraumgrößen in qm:
40-150
Lautstärke möglich: ja
Belegungszahl insgesamt: ca. 60
Normal, vegetarisch
Eigenes Seminarprogramm: nein
Behindertengerecht: ja
▲

Ariel Sands Beach Club
34 South Shore Road
Devonshire DV 07, Bermuda
Info Deutschland:
Tel 069/776012
Fax 069/701007
Seminarraumgrößen in qm: 1x60
Lautstärke möglich: ja
Belegungszahl insgesamt: ca. 90
Normale Verpflegung
▲

Tagungshäuser

Deutschland

Internationales Congress Centrum Berlin
Messedamm 22
D-14055 Berlin
Tel 030/3038-3049
Fax 030/3038-3032
▲

Hotel Warnow Tagungs- und Seminarhotel
Lange Straße 40
D-18055 Rostock
0381/4597-0
▲

Stadthalle Rostock GmbH
Südring 90
D-18059 Rostock 6
Tel 0381/44000
Fax 4400200
▲

Hotel Panorama Harburg Tagungen
Harburger Ring 8–10
D-21073 Hamburg
Tel 040/76695-0
Fax 040/76695183
▲

Forte Crest Hotel Hamburg
Stillhorner Weg 40
D-21109 Hamburg
Tel 040/7525-0
Fax 040/7525444
▲

Seminaris Hotel Lüneburg Seminar- und Tagungshotel
Soltauer Str. 3
D-21335 Lüneburg
Tel 04131/713-0
Fax 713 727
▲

Maritim Strandhotel und Kongreßzentrum
Trelleborgallee 2
D-23570 Lübeck
Travemünde
Tel 04502/890
Fax 04502/74439
▲

A.C. Kurhotel Plön
Ölmühlenallee 4–8
D-24306 Plön
Tel 04522/809-0
Fax 04522/809160
▲

Intermar Ostseehotel Glücksburg
Förderstraße 2-4
D-24960 Glücksburg
Tel 04631/490
Fax 04631/49525
▲

Sporthotel Quickborn

Harksheider Weg 258
D-25451 Qickborn
Tel 04106/4091
Fax 04106/67195
▲

**Best Western Hotel
Ambassador International**
Im Bad 26
D-25826 St. Peter Ording
04863/7090
▲

**Haag's Hotel
Niedersachsenhof**
Lindhooperstraße 97
D-27283 Verden/Aller
Tel 04231/666-0
Fax 04231/64875
▲

**Veranstaltungszentrum
Nordseeheilbad Cuxhaven**
Strandstraße 80
D-27476 Cuxhaven
Tel 04721/4080
Fax 04721/40880
▲

**Hotel Heidehof
Hermannsburg
Seminar- und Tagungshotel**
Billingstraße 29
D-29320 Hermannsburg
Tel 05052/8081-8084
Fax 05052/3332
▲

Silencehotel Heide-Kröpke
Esseler Damm
D-29664 Ostenholzer-Moor
05167/288
▲

Domicil-Hotel Hudemühle
Hudemühlenburg 18
D-29693 Hodenhagen
Tel 05164/8090
Fax 05164/809199
▲

**Holiday Inn Crowne Plaza
Hannover Airport**
Petzelstraße 60
D-30159 Hannover
0511/77070
▲

**Kastens Hotel Luisenhof im
Zentrum**
Luisenstraße 1-3
D-30159 Hannover 1
0511/30440
▲

Congress-Centrum Stadtpark
Theodor-Heuss-Platz 1-3
D-30175 Hannover 1
0511/8113-0
▲

Stadthalle Gütersloh
Friedrichstraße 10
D-33330 Gütersloh
Tel 05241/864-212
Fax 05241/28234
▲

Stadthalle Bielefeld
Berliner Platz 1
Tel 0521/9636-0
Fax 0521/64933
▲

**Kur und Sporthotel
Kölner Hof**
Brilonerstraße 48
D-34508 Willingen
05632/6006
▲

**Hotel und Restaurant
Am Brunnen**
Karl-Ferdinand-Broll-Straße 2-4
D-35638 Leun-Biskirchen
Tel 06473/3050
Fax 06473/30557
▲

Schlosshotel Weilburg
Langgasse 25
D-35781 Weilburg
Tel 06471/39096
Fax 06471/39199
▲

Stadthalle Göttingen
Albaniplatz 2
D-37073 Göttingen
Tel 0551/4970033
Fax 56396
▲

Hotel zum Löwen
Marktstraße 30
D-37115 Duderstadt
Tel 05527/3072
Fax 72630
▲

Panoramic Apartment-Hotel
Dietrichstal 1
D-37431 Bad Lauterberg/Harz
05524/841
▲

Hotel Heidesee
An der B 188
D-38518 Gifhorn
05371/53921-23
▲

3/4/5

Hotel „Der Achtermann"
Rosentorstraße 20
D-38640 Gosslar
Tel 05321/21001
▲

Neandertalhalle Mettmann
Verwaltung: Rathaus
Neanderstraße 85
D-40822 Mettmann
02104/795 – 221/229
▲

Dorint Hotel
Hohenzollernstraße 5
D-41061 Mönchengladbach
02161/893-0
▲

Westfalenhalle
Kongreßzentrum
Rheinlanddamm 200
D-44139 Dortmund
Tel 0231/1204-0/Fax 0231/1204-560
▲

Waldhotel Tannenhäuschen
Am Tannenhäuschen 7
D-46487 Wesel am Niederrhein
0281/61015
▲

Sport und
Tagungshotel
Grefrather Hof
Am Waldrand 1–3
D-47929 Grefrath
Tel 02158/4070
Fax 02158/407200
▲

Congress-Centrum Köln
Messe
Messeplatz 1
D-50679 Köln
Tel 0221/821-2536
Fax 0221/821-3430
▲

Silencehotel Landhaus
Kallbach
D-52393 Hürtgenwald-Simonskall
Tel 02429/1274-75
Fax 02429/2069
▲

Seminaris Hotel
Bad Honnef
Seminar- und Tagungshotel
Alexander von Humboldt-Str. 20
D-53604 Bad Honnef/Rhein
Tel 02224/771-0
Fax 02224/771555
▲

Euro Park Hotel
Kaiserstraße 29
D-54290 Trier a.d. Mosel
Tel 0651/7195-0
Fax 0651/7195-801
▲

**Hotel Burg Landshut
Tagungen – Seminare –
Konferenzen – Schulungen -
Kurse**
Gestade 11
D-54470 Bernkastel a.d. Mosel
Tel 06531/3019
Fax 06031/7387
▲

Hotel Rheinhessen Treff
Industriestraße 13
D-55232 Alzey
▲

**Weinkühel's Waldhotel
Tagungs-und Seminarhotel**
Mühlwiesenstraße 12-14
D-55743 Kirschweiler/
Idar-Oberstein
06781/33862
▲

Mittelrheinhalle Andernach
Läuferstraße 4
D-56626 Andernach
02632/298401
▲

**Kongreßzentrum
Siegerlandhalle**
Koblenzerstraße 151
D-57072 Siegen
Tel 0271/3370-0
Fax 0271/339233
▲

**Hotel-Restaurant
Haus Hohenstein**
Hohenstein 32
D-58453 Witten
02302/927-0
▲

Sheraton Frankfurt Hotel
Flughafen Rhein-Main/Terminal
Mitte
D-60549 Frankfurt
069/69770
▲

**Steigenberger Avance
Frankfurt Airport**
Unterschweinstiege 16
D-60549 Frankfurt
Tel 069/69750
Fax 69752505
▲

Stadthalle Langen
Südliche Ringstraße 77
D-63225 Langen
06103/203125
▲

Best Western Parkhotel
Königsteinerstraße 88
D-63628 Bad Soden
Tel 0619672000
Fax 06196/200153
▲

Wiesbaden Penta Hotel
Auguste-Viktoria-Straße 15
D-65185 Wiesbaden
Tel 611/377041
Fax 0611/303960
▲

Burkartsmühle Tagungshotel
Kurhausstraße 71
D-65719 Hofheim/Taunus
06192/25088
▲

Heidelberg Penta Hotel
Vangerowstraße 16
D-69115 Heidelberg
06221/908-0
▲

Intercity-Hotel Stuttgart
Arnulf-Klett-Platz 2
D-70173 Stuttgart
0711/294946
▲

Waldhotel Degerloch GmbH
Guts-Muths-Weg 18
D-70597 Stuttgart/Degerloch
Tel 0711/765017
Fax 0711/7653762
▲

Filderhalle
Bahnhofstraße 61
D-70771 Leinfelden-Echterdingen
Tel 0711/1600-336
Fax 0711/1600-339
▲

Stadthalle Leonberg
Römerstraße 110
D-71229 Leonberg
07152/204490
▲

Karlsruher Kongress- und Ausstellungszentrum
Festplatz
Postfach 1208
D-76137 Karlsruhe
Tel 0721/3720-0
Fax 0721/3720-348
▲

Hotel Öschberghof
Golfplatz 1
D-78166 Donaueschingen
0771/840
▲

**Panorama Hotel
Mercure**
Wintererstraße 89
D-79104 Freiburg
0761/551011
▲

Intercity-Hotel München
Bayerstraße10
D-80335 München
Tel 089/54556-0
▲

**Arabella Hotel
Bogenhausen**
Arabellastraße 5
D-81925 München
089/92321
▲

**Queens Hotel
München**
Effnerstraße 99
D-81925 München
089/927980
▲

**Schloß Elmau
Seminar-Tagungshaus**
D-82493 Post Klais/Obb
08823/1021
▲

**Park- und Strandhotel
Schloss Berg**
Ölschlag 9
D-82335 Berg
Tel 08151/50101
Fax 08151/50105
▲

Hotel Lederer am See
Postfach
D-83707 Bad Wiessee
08022/8291
▲

Yachthotel Chiemsee
Tagungen
Harrasserstraße 49
D-83209 Prien am Chiemsee
08051/6960
▲

Sporthotel Achental
Mietenkamerstraße 65
D-83224 Grassau
08641/3041
▲

**Kongreßhaus Berchtesgaden
Kurdirektion**
Maximilianstraße 9
D-83471 Berchtesgaden
Tel 08652/5011
Fax 08652/62432
▲

8/9

Landhaus Au im Wald
Fam. Wirtz
D-83567 Unterreit
Tel 08073/1024
Fax 08073/1026
▲

Park-Hotel an der Stadthalle
Ulmer Str. 7
D-87700 Memmingen
Tel 08331/87041-46
Fax 08331/48439
▲

Edwin-Scharff-Haus
Kultur- und Tagungszentrum
Silcherstraße 40
D-89231 Neu-Ulm
0731/8008-0
▲

Hotel Restaurant Forsthaus
Zum Vogelsang 20
D-90768 Fürth
0911/779880 und /720885
▲

Parkhotel Maximilian
Maximilianstraße 28
D-93047 Regensburg
Tel 0941/51042
Fax 0941/52942
▲

Hotel Heimer
Schlesische Str. 131
D-94315 Straubing
09421/61091-94
▲

Stadthalle Bayreuth
Verwaltung
Luitpoldplatz 9
D-95444 Bayreuth
0921/25524
▲

Sporthotel Schneider
D-95493 Bischofsgrün
Tel 09276/1058
Fax 8165
▲

Freiheitshalle Hof
Kulmbacher Straße 4
D-95030Hof
09281/815232
Fax 09281/815499
▲

Hotel Krone
Robert-Koch-Str. 11
D-96215 Lichtenfels
Tel 09571/70050
Fax 09571/70065
▲

Kongreßhaus Rosengarten
Berliner Platz 1
D-96450 Coburg
09561/7418-51
▲

Akademie Frankenwarte
Gesellschaft für politische
Bildung e.V.
Postfach 5580
D-97005 Würzburg
Tel 0931/804640
Fax 0931/8046444
▲

Congress Centrum Würzburg
Pleichertorstraße 5
D-97070 Würzburg
Tel 0931/37372
Fax 0931/37652
▲

Rhön-Park-Hotel
Rother Kuppe 2k
D-97647 Hausen/Roth
Tel 09779/91-0
Fax 09779/91-1840
▲

Hotel Sonnenhügel
Burgstraße 15
D-97688 Bad Kissingen
Tel 0971/830
Fax 0971/834828
▲

Rixen Hotel Bad Kissingen
Frühlingstraße 1
D-97688 Bad Kissingen
Tel 0971/8230
Fax 0971/823600
▲

Hotel Neumühle
Neumühle 54
D-97797 Wartmannsroth
09732/803-0
▲

Tagungshäuser

Europa

Hotel Al Leon D´Oro
Via Canonici 3
I-30035 Mirano-Ve-Italy
Tel 0039/41/432777
Fax 0039/41/431501
▲

Linz Penta Hotel
Raiffeisenplatz 3
A-4020
Tel 0043/732/6959
Fax 0043/732/606090
▲

Ramada Hotel Linz
Europaplatz 2
A-4020 Linz
Tel 0043/732/6959-0
Fax 0043/732/606090
▲▲

Kongresshaus Gmunden
Toscana-Park 6
A-4810 Gmunden
0043/7612/66014-0
▲

Kurhotel Bad Ischl
Tagungshaus
Vogelhuberstraße 10
A-4820 Bad Ischl
0043/6132/4271
▲

Hotel Schloß Fuschl
A-5322 Hof bei Salzburg
Tel 0043/6229/2253-0
Fax 0043/6229/2253531
▲

Jagdhof am Fuschlsee
A-5322 Hof bei Salzburg
Tel 0043/6229/23720
Fax 0043/6229/2372/413
▲

Kurhotel Vollererhof
Seminare-Tagungen
A-5412 Puch-Thurnberg
0043/6245/3231
▲

Hotel Sommerau
Seminare-Tagungen
A-5423 St. Koloman
0043/624/1212
▲

Hotel Alpenblick
A-5640 Bad Gastein
0043/6434/2062 u. 2037
▲

Europa

Sporthotel Gut Brandl-Hof
Seminare/Tagungen
Hohlwegen 4
A-5760 Saalfelden
Tel 0043/6582/2176-0
Fax 0043/6582/598
▲

Alpengasthof Eng
Seminarthotel
A-6200 Hinteriss/Tirol
0043/5245/231
▲

Romantikhotel
Seminare-Tagungen
A-6236 Alpbach
0043/5336/5227
▲

Hotel Adler
Tagungen
CH-3655 Sigriswil
0041/33/512424
▲

Hotel Glogghuis
Tagungen
CH-6061 Melchsee-Frutt
0041/41/671139
▲

Hotel Europa
Kongress- und Ferienhotel
Herr Bützberger
CH-7512 Champfèr
Tel 0041/82/21175
Fax 0041/82/38608
▲

Hotel Zürich
Neumühlenquai 42
CH-8001 Zürich
0041/1/3636363
▲

Hotel Simplon
Seminare-Tagungen
Schützengasse 16
CH-8001 Zürich
0041/1/2116111
▲

Hotel Hirschen
CH-9658 Wildhaus
0041/74/52252
▲

Hotel Oceano Ferienhotel u. Gesundheitszentrum
E-38240 Punta del Hidalgo,
Teneriffa
Info: 0034/8721/3121
▲

KursKontakte

Der Anzeiger für ganzheitliche Bildung und Kultur

• **Therapie** • **Körperarbeit**

Die beste Unterstützung
auf dem Weg
zu sich
selbst

jede Menge Angebote!

• **Ausbildungen**

• **Kreativität** • **Esoterik**

• **Selbsterfahrung**

nur im Abonnement erhältlich!

10 Ausgaben im Jahr kosten nur 30 Mark. Jederzeit kündbar.
Einfach Coupon ausfüllen und einsenden an: **KursKontakte,
Badstraße 3, D-83646 Bad Tölz, 08041/5439**

Bestell-Coupon ✂ ▬ ▬ ▬ ▬ ▬ ▬

einsenden an **KursKontakte**, Evi Wagner, Badstraße 3, D-83646 Bad Tölz

Ja, ich will **auf dem Weg zu mir selbst immer aktuell informiert** sein. Ich bestelle ein
Jahres-Abonnement der Zeitschrift **KursKontakte** für 30 Mark (10 Ausgaben, davon 2
Doppelnummern). Wenn ich nicht kündige, verlängert sich das Abo jeweils um ein
weiteres Jahr. Ich kann jederzeit kündigen und bekomme dann nur die gelieferten
Ausgaben berechnet. Diese Bestellung kann ich binnen einer Woche widerrufen.

30 Mark lege ich ◯ als Scheine ◯ als Scheck bei.

Name: _____

Straße: _____

PLZ/Ort: _____

Datum: _____ Unterschrift: _____

Register

A

B

C

D

E

F

I

O

Odenwaldinstitut 52
Olaf-Ritzmann-Kollektiv 76
OntosophischesModell 9
Op de Hardt/Haus für Seminare,
Bernd Schuscheng 47
Open Mind 63
Ort für Licht und Heilung 54
Osho Mahabodi 52
Osho Mondragon 97
Osho-Institute for
Native & Healing Arts 112
Osho-Vatyan 57
Ouranos-Club, Ferien-
und Meditationszentrum 90
Ökodorf Projektzentrum 24
Ökologische Akademie
Linden e.V. 70
Ökomenisches Zentrum
Neumühle 37
Öko-Patner-Haus 65

Pfadfinder Bildungsstätte
Fallingbostel 27
Phönix-Haus 14
Pilsachhof Seminarzentrum 109
Podere Croci 100
Podere le Capannacce 100
Podere Romitorio 102
Point verde 86
Plantation Inn 124
Plitische Bildungsstätte Helstedt
e.V. 36
Pompeino Beach Club 124
Porta Vitae 104
Praxis-Gemeinschaft
Mattyasousky-Wiest 64
Praxis-Studio Hof
Gut Wickstadt 48
Prinz Höfte Zentrum für ökol.
Fragen und ganzh. Lernen 22
Proetzer Mühle 26
Projektwertstatt 32
Pythagoras Seminarhaus 32

P

Paki Eschbachhof 54
Palazzo Agra 117
Palazzo Armonici 116
Panorama Hotel Mercure 133
Panoramic Apartment-Hotel 129
Parimal 33
Park- und Strandhotel
Schloss Berg 133
Park-Hotel an der Stadthalle 134
Parkhotel Maximilian 134
Passalmonte 96

Q

Queens Hotel München 133
Quinta da Luz 110

R

Ramada Hotel Linz 135
Regenbogenhof 24
Reichrieglerhof 95
Reisende Schule e. V. 30
Rhönparkhotel 135

T

U

Notizen

Notizen

Notizen

Notizen

Notizen

Notizen

Notizen